MIKROABENTEUER
DEUTSCHLAND

Deutschlands 120 coolste Mikroabenteuer
in einem Buch! Eine Reise durch Deutschland
von Nord bis Süd mit vielen Abenteuern
für die ganze Familie zu entdecken!

Karl de Vries

Mikroabenteuer Deutschland

Deutschlands 120 coolste Mikroabenteuer in einem Buch!

Karl de Vries

Eine Reise durch Deutschland von Nord bis Süd mit vielen Abenteuern für die ganze Familie zu entdecken!

1. Auflage

2021

© Alle Rechte vorbehalten

ISBN: 9798741310144

INHALT

VORWORT

Endlich mal wieder ein Abenteuer erleben – wer träumt nicht davon? Raus in die Natur, unbekannte Orte entdecken und ein wenig aktiv werden! Ein Abenteuer, egal wo und wie lange es stattfindet, ist eine Flucht vor dem Alltag und der Einöde. Und Mikroabenteuer erfüllen diesen Zweck genauso wie alle längeren Ausflüge ins Unbekannte. Sie sind kurz, passen in jeden Zeit- und Budgetplan und können direkt vor der Haustür stattfinden. Für alle, die gerade nicht weit reisen können, sind sie die perfekten Fluchte aus der Routine, der Arbeitswelt und vor digitalen Medien. Denn wenn du ehrlich bist, verbringst du sicherlich auch viel zu viel Zeit vor dem Bildschirm. Zeit, die du wunderbar für einen Abstecher an die frische Luft, für gemeinsame Momente mit Partnern, Freunden oder Familienmitgliedern nutzen könntest oder in der du aktiv sein könntest.

Ausflüge nach draußen und ins Unbekannte haben einen wohltuenden Effekt. Egal, ob sie als Auszeit alleine oder mit anderen genutzt werden sollen, sie bieten eine Gelegenheit, den Körper an der frischen Luft zu bewegen und den Kopf frei zu kriegen. Während wir stundenlang am Laptop und Handy sitzen und uns mit anderen Menschen auf der Welt auf Social-Media-Kanälen vergleichen, vergessen wir schnell, wie schön das Leben im Hier und Jetzt sein kann. Daher träumen wir oft auch von groß angelegten Abenteuern in Südamerika, Asien oder Australien, anstatt zu erkennen, welche Abenteuer sich direkt vor unserer Nase ergeben könnten.

Dieses Buch soll dazu beitragen, genau das zu sehen: Orte, die gar nicht weit weg liegen, sich aber ideal für einen kleinen Ausflug raus aus dem Alltag anbieten. Im Folgenden werden dir verschiedene Möglichkeiten präsentiert, um dich auf ein Mikroabenteuer in deiner Nähe zu begeben. Wer weiß, vielleicht hast du deinen neuen Lieblingsort schon lange vor der Haustür, ohne es zu wissen? Lass dich überraschen und begib dich auf die Reise!

WAS IST EIN MIKROABENTEUER?

Der Begriff Mikroabenteuer wurde aus dem Englischen übernommen („microadventure") und ursprünglich von dem britischen Schriftsteller Alastair Humphrey eingeführt. Er beschrieb jedes Abenteuer, das direkt vor der eigenen Haustür erlebt werden kann, als Mikroabenteuer. Mikroabenteuer sollen einen echten Abenteuercharakter haben, sind nur wesentlich kleiner, simpler und kostengünstiger. Sie lassen sich ohne große Planung realisieren und es sind keine langen Reisen notwendig. Humphrey entwickelte diesbezüglich auch die „5-to-9-Regel", die besagt, dass das Abenteuer nach 5 Uhr am Nachmittag (also nach dem üblichen Feierabend) begonnen werden und vor 9 Uhr morgens (üblicher Beginn des Arbeitstages) wieder beendet werden kann. Also ein Abenteuer, was sich leicht in jedermanns Alltag einführen lässt.

In Deutschland entwickelte sich schnell eine umfassende Mikroabenteuerkultur mit vielen Gruppierungen, die Mikroabenteuer propagieren, darunter auch Mikroabenteuer für bestimmte Personengruppen (beispielsweise Kinder).

WARUM AUF EIN MIKROABENTEUER GEHEN?

Ein Mikroabenteuer ist die perfekte Möglichkeit, für einen kurzen Augenblick dem Alltag zu entfliehen und eine Auszeit in der Natur zu nehmen. Mikroabenteuer sorgen für einen Ausgleich zum hektischen Stadtleben und der Arbeitswelt und viele davon lassen sich ohne große Planung oder Ausrüstung unternehmen.

Mikroabenteuer sorgen dafür, dass du deine Freizeit nicht ständig hinter dem Bildschirm verbringst. Sie bieten frische Luft, oftmals Bewegung und einen kleinen Adrenalinkick. Mikroabenteuer können alleine, zu zweit oder in Gruppen unternommen werden und sind daher für alle geeignet, die eine Auszeit für sich alleine suchen, den Pärchenabend mal anders verbringen wollen oder mit Freunden, Mitbewohnern oder der Familie ein bisschen raus kommen möchte.

Da Mikroabenteuer weder lange Planung benötigen noch viel Geld oder Zeit in Anspruch nehmen, sind sie für jeden geeignet, egal, ob die Arbeit gerade stresst, das Geld knapp ist oder aus anderen Gründen keine weiten Reisen möglich sind.

Du solltest die kleine Auszeit auf jeden Fall wagen! Mikroabenteuer können inspirierend sein. Sie helfen, den Kopf klar zu kriegen und den Blick auf etwas Neues zu richten. Sie öffnen dir die Augen dafür, wie viel Wunderbares direkt vor deiner Haustür liegt! Also trau dich und begib dich auf ein Mikroabenteuer!

WAS BRAUCHST DU FÜR EIN MIKROABENTEUER?

Das Beste an Mikroabenteuern ist, dass du kaum etwas benötigst, um sie zu erleben. Sie kosten weder viel Geld oder Zeit, noch verlangen sie nach langer Planung oder einer aufwändigen Ausrüstung. Für ein paar der nachfolgenden Abenteuerideen sind Zelt und Schlafsack vom Vorteil, manchmal brauchst du ein Fahrrad, Schwimmsachen, eine Taschenlampe oder festes Schuhwerk. Aber in der Regel sind Mikroabenteuer so gestaltet, dass sie nicht viel mehr verlangen als das, was die meisten Menschen sowieso zuhause haben. Viele der Abenteuer kannst du wörtlich in deiner Jogginghose und Sneakern erledigen.

Die einzige Sache, die du auf nahezu jedes Mikroabenteuer mitnehmen solltest: Ein paar leckere Snacks und eine Flasche Wasser! Und natürlich dem Wetter entsprechende Kleidung! Checke also vorher den Wetterbericht und vergiss die Regenjacke, einen extra Pullover oder Mütze und Handschuhe nicht. Wenn du tatsächlich einen ganzen Tag oder über Nacht draußen bist, ist es immer ratsam, etwas mehr Kleidung dabei zu haben – eine Schicht ausziehen kannst du schließlich immer! Wenn du unsicher bist, pack also lieber noch einen Pullover ein oder ziehe zwei Schichten an. Was du nicht unbedingt brauchst, ist dein Handy oder ein anderes elektronisches Gerät. Nimm also ruhig mal Abstand von der digitalen Welt und konzentriere dich auf das Leben draußen und auf das Hier und Jetzt. Lass dich von den folgenden Abenteuerideen inspirieren oder plane dein eigenes Abenteuer – vielleicht kennst du ja sogar selber einen tollen Ort ganz in deiner Nähe, an dem du lange nicht mehr oder noch nie gewesen bist?! Trau dich, kreativ zu sein, und kreiere dein persönliches Mikroabenteuer. Deutschland hat erstaunlich viel zu bieten!

DER NORDEN DEUTSCHLANDS – VON WATTENMEEREN UND STÜRMISCHEN KÜSTEN

Küstenwinde und Stürme, hohe Wellen, Sandstrände, Wattenmeere und Salz in der Luft – das ist der Norden Deutschlands! Wer Sehnsucht nach dem Meer hat, die Füße in den Sand graben und den Wind in den Haaren spüren will, der braucht gar nicht weit weg zu fahren. Nord- und Ostseeregionen katapultieren dich mit dem weiten Blick auf das Wasser und die Deichschafe, mit dem lauten Kichern der Möwen und einer stetigen Brise, die über das Flachland weht, direkt in den nächsten Urlaubsmodus. Doch damit nicht genug – der Norden hat noch viele andere Abenteuer zu bieten, ganz abseits von Stränden, Leuchttürmen und Sandbänken.

ARBORETUM ELLERHOOP

Die Ursprünge der Gartenanlage bei Pinneberg finden sich bereits im Jahr 1956. In den folgenden Jahren wurde das damalige Arboretum erweitert und vergrößert. Im Jahr 2009 wurde es in „Norddeutsche Gartenschau – Arboretum Ellerhoop" umbenannt, da sich seitdem der Schwerpunkt von der Gestaltung eines Parks auf die Gestaltung einer Gartenschau verschoben hat. Diese Gartenschau ist mittlerweile eine wahre Oase im Norden Deutschlands und bezaubert mit vielfältigster Vegetation.

Im Arboretum Ellerhoop finden sich zahlreiche Gärten und Pflanzenanlagen. Zu den besonderen Highlights gehört der Bauerngarten, der sich auf heimische Zier-, Heil- und Nutzpflanzen spezialisiert hat, der Lotussee, der als die spektakulärste und ausgedehnteste Lotus-Freilandkultur Deutschlands gilt, sowie der Wasserwald, der eine besondere Idylle darstellt. Daneben gibt es unzählige weitere Gärten, die darauf warten, erkundet zu werden. Der Rosengarten und der Italienische Garten sind romantische Highlights, das Kamelienhaus lädt Besucher auch an kälteren Tagen ein und die Gehölzsammlungen zeigen die Natur nochmals von einer anderen Seite. In den unzähligen verschiedenen Gärten können Besucher aller Altersstufen lernen, lehren, entdecken und erkunden oder sich einfach nur entspannen. Die Gartenschau hat es sich zur Aufgabe gemacht, sowohl schulische als auch akademische und botanische Fachbildung zu fördern. Zudem finden über das Jahr verteilt mehrere Veranstaltungen und Besonderheiten statt – wie etwa die Ausstellung verschiedener herbstlicher Kürbissorten zur Saison.

Das Arboretum Ellerhoop ist auf jeden Fall einen Ausflug wert – du kannst hier stundenlang umherwandern oder dich an deinem Lieblingsplatz niedersetzen und den Duft der frischen Blumen und Sträucher einatmen. Vergiss nicht, dir etwas zum Snacken mitzubringen, und mach dich auf den Weg in die bunten Gärten. Der Garten bietet zu jeder Jahreszeit ein schönes Ausflugsziel und zeigt sich zu jeder Saison ein wenig anders.

BAUMWIPFELPFAD IVENACKER

Der Baumwipfelpfad (oder Baumkronenpfad) Ivenacker in Mecklenburg-Vorpommern wurde erst im Jahr 2017 errichtet und stellt somit ein frisches und neues Abenteuerziel dar. Auf einem 620 Meter langen Pfad können Besucher hier den Wald aus einer ganz neuen Perspektive erleben. Bestaune die Bäume von ganz oben und entdecke nie zuvor gesehene Anblicke der heimischen Wälder. Das Highlight dieses Erlebnisses ist mit Sicherheit die 40 Meter hohe Aussichtsplattform, auf die du mit Hilfe eines Aufzugs gelangen kannst. Von dort aus kannst du den ganzen Waldpark überblicken und im wahrsten Sinne des Wortes die Vogelperspektive einnehmen. Dazu gibt es insgesamt 14 Stationen, die dir wissenswerte Informationen über die Bäume und heimischen Wälder vermitteln. Ein interaktives Erlebnis der besonderen Art. Übrigens ist der Park sogar barrierefrei, d. h. ein Besuch kann trotz der Höhenmeter auch mit dem Rollstuhl oder Kinderwagen stattfinden.

Nimm dir einen Tag Zeit und mach dich auf den Weg, um die heimischen Bäume aus einer nie zuvor gehabten Sicht zu erleben. Neben dem Baumkronenpfad bietet auch das restliche Waldgebiet der Ivenacker Eichen ein schönes Naturerlebnis und lädt zu langen Spaziergängen ein. Hier kannst du also gut und gerne einen ganzen Tag lang an der frischen Luft verbringen.

DAGEBÜLL – ÜBERNACHTUNG IM LEUCHTTURM

Wolltest du schon immer mal einen Abend lang am Wasser übernachten? Mit Blick auf die Sterne und das Meer? Dann bist du im Leuchtturm Dagebüll genau an der richtigen Adresse. Dieser Ort lädt dich mit Blick auf die grünen Deiche und das kühle Wattenmeer zu einer Übernachtung der besonderen Art ein.

Im Leuchtturm Dagebüll kannst du mit einer weiteren Person zusammen übernachten und den Traum vom Sonnenaufgang am Meer wahr werden lassen. Die Übernachtung kann bequem online gebucht werden. Mitbringen musst du fast gar nichts: Das Turmzimmer ist voll ausgestattet und bietet sogar eine Minibar, einen kleinen Whirlpool und eine moderne Hifi-Anlage. Auch über Handtücher, Bademantel und Frühstück musst du dir keine Sorge machen. Das Frühstück wird dir morgens vor die Treppenstufen gebracht, sodass du es in Ruhe annehmen und zurück in dein Turmzimmer verschwinden kannst. Oder du genießt den Kaffee von der Aussichtsplattform aus, mit Blick auf die zahlreichen weißen Schafe. Ein zusätzliches Highlight: Bei der Einführung wirst du auch in ein paar Geheimnisse des über 90 Jahre alten Leuchtturms eingewiesen. Spannung für die Nacht ist in so einem Ambiente garantiert!

Die Turmübernachtung ist wahrhaftig ein besonderes Erlebnis. Wenn du möchtest, kannst du natürlich kleine Snacks und ein gutes Buch mitbringen. Übrigens gibt es ähnliche Übernachtungsmöglichkeiten auch in anderen deutschen Orten, darunter beispielsweise der Lotsenturm auf Usedom und der Wasserturm in Bad Saarow im Land Brandenburg.

DER GROSSE BULLENSEE – EIN RELIKT EISZEITLICHER GLETSCHER

Der Große Bullensee ist ein naturbelassener Moorsee im Landkreis Rotenburg (Wümme) und als Badesee zugänglich. Während der Saison wird er daher auch von der DLRG überwacht und auch ein Nichtschwimmerbereich ist gekennzeichnet. Der See entstand als Relikt eiszeitlicher Gletscher und stellt damit ein wahres Stück naturbelassener Geschichte dar.

Um den See herum gibt es zudem zahlreiche Wander- und Radwege, die auch zu kälteren Jahreszeiten ein schönes Frischluft- und Naturerlebnis darstellen. Neben dem Großen Bullensee gibt es auch den Kleinen Bullensee, der ebenfalls ein Relikt der Gletscher darstellt und zum Naturschutzgebiet „Großes und Weißes Moor" gehört. Besonderheiten beider Seen sind aufgrund ihrer Moorlage auch die vielfältigen Pflanzenarten, die hier rundum entdeckt werden könnte.

Achte darauf, dass du möglichst ruhig und achtsam mit der Natur um den See umgehst. Packe dir ein paar Snacks und Getränke ein, schnapp dir dein Fahrrad, wenn du möchtest, und erfreue dich an der Ruhe oder dem Badespaß im Sommer! In der Saison ist hier außerdem Rudern, Segeln und Tretbootfahren möglich.

DIE FISCHBEKER HEIDE

Die Fischbeker Heide ist ein Naturschutzgebiet, das direkt an die Hansestadt Hamburg angrenzt und als „kleine Schwester" der Lüneburger Heide gilt. Im Gegensatz zur Lüneburger Heide ist die Fischbeker Heide allerdings zur Hauptsaison weit weniger überlaufen (Blütezeit der Heide ist August/September). So bietet sie ein schönes Spazier- und Wanderausflugsziel abseits der Massen.

In der Fischbeker Heide finden sich zahlreiche Spazierwege und Wanderpfade, die zu jeder Jahreszeit aufgrund der typischen Heidelandschaft wunderschöne Naturerlebnisse sind. Der weite Blick, der sich hier über die Landschaft ermöglicht, lädt zum Nachdenken und Träumen ein und wer wieder richtig durchatmen möchte, ist hier genau richtig. Ein besonderes Highlight ist der Heidschnucken-Wanderweg, der zu den beliebtesten Wanderwegen Deutschlands zählt. Mit ein bisschen Glück kannst du hier sogar einen Blick auf eine der Heidschnuckenherden erhaschen. Vom Frühling bis zum Herbst werden diese Herden von Schäfern über die Heidelandschafft ziehen gelassen.

Die Fischbeker Heide eignet sich ideal für einen Tagesausflug – denke nur an bequemes Schuhwerk, eine Jacke und Verpflegung! Die frische Luft und die Ruhe der Natur werden dir helfen, neue Kräfte zu tanken.

DER FÖRDESTEIG

Der Fördesteig ist ein vom NABU entwickelter Fernwanderweg und wurde als Fortführung des dänischen Gendarmstien gebaut. Er liegt an der Schusterkante, dem kleinsten Grenzübergang Europas, und erstreckt sich über 95 km lang von der Flensburger Förde, zur offenen Ostsee, bis nach Kappeln an der Schlei.

Entlang an sanften Buchten, Naturstränden und Hangwäldern bietet der Wanderweg einen Ausblick auf die Region, die nicht umsonst als „Bullerbü von Norddeutschland" bezeichnet wird. An einigen

Stellen bietet sich die Gelegenheit zum Baden, Angeln oder für eine Bootsfahrt, doch auch zu Fuß bleibt der Weg ein friedliches Erlebnis. Die frische Luft und die naturbelassenen Orte laden zum Ausruhen ein und sorgen für romantische Abendstunden, sobald es dunkel wird. Ein Mikroabenteuer, das schnell dazu einlädt, sich in ferne Gegenden zu träumen und einfach mal wieder die Seele baumeln zu lassen. Egal, ob du aktiv sein möchtest oder lieber lange an einem ruhigen Fleck ausruhst, der Fördesteig ist immer ein schöner Platz.

Bei diesem Ausflug solltest du auf jeden Fall zur Sicherheit eine Regenjacke mitbringen, denn auf das Wetter in Schleswig-Holstein darf man sich auch im Sommer selten verlassen. Wenn es warm genug ist, die Badesachen nicht vergessen! Ansonsten gilt wie immer: Bequeme Klamotten, gute Schuhe und genügend Verpflegung für dein kleines Abenteuer – mehr braucht es nicht!

ENTDECKUNGSTOUR IM VENNER MOOR

Das Venner Moor bei Osnabrück ist das letzte Überbleibsel des ehemaligen großen Moorgebiets, das sich von Damme fast bis ans Wiehengebirge erstreckte. Mittlerweile gilt es als Naturschutzgebiet und ist eine besondere Oase für viele heimische Tier- und Pflanzenarten.

Ein 7 Kilometer langer Pfad, der TERRA.track Venner Moorpfad, erklärt mit Hilfe von neun Stationen sehr eindrucksvoll, wie das Naturschutzgebiet entstanden ist, welche Geschichte sich dahinter verbirgt (inklusive des Verschwinden des Moores durch den Torfabbau) und wie es um die heimische Flora und Fauna steht.

Das Naturschutzgebiet zeigt mit beeindruckender Schönheit, wie wichtig die deutschen Moorlandschaften für die Natur sind und wie stark sie in den letzten Jahrzehnten durch menschlichen Zutun zerstört wurden. Wer hierher kommt, sollte sich dessen stets bewusst sein und achtsam im Umgang mit der umgebenden Natur bleiben – das bedeutet, du solltest auf jeden Fall auf den vorgegebenen Wegen bleiben, um keine Pflanzen zu vernichten und Tiere zu stören. Hunde dürfen nur an der Leine mitgebracht werden und die Wege ebenfalls nicht verlassen. Die Moorlandschaft ist ein besonders erholsames Gebiet und ein perfektes Ausflugsziel für jeden, der sich nach ein bisschen Ruhe und Frieden sehnt. Bring dir deine Wasserflasche und bequeme Schuhe mit und sei auf eine lange Wanderung gefasst. Du kannst hier ganz entspannt gut einen ganzen Nachmittag verbringen. Verbinde die Schönheit und Ruhe der deutschen Natur mit der Erweiterung deines Allgemeinwissens!

EWIGES MEER

Das Ewige Meer ist der größte Hochmoorsee Deutschlands und beherbergt ganze 91 Hektar Wasser. Die ihn umrundende Landschaft zeigt Mooreinflüsse und gehört zum Naturschutzgebiet „Ewiges Meer, Großes Moor bei Aurich". Der See liegt zwischen Wittmund und Aurich, im idyllischen Ostfriesland. Ein idealer Ort, um zu entspannen und die friedvolle Natur zu genießen.

Das Ewige Meer ist nach der letzten Eiszeit als sogenanntes Moorauge eines Hochmoores entstanden. Aufgrund der Kalkarmut des Wassers ist es unbewohnt von Fischen oder Muscheln. Zahlreiche Moose und andere Moorpflanzen können hier drum herum jedoch prächtig gedeihen. Das Naturschutzgebiet stellt daher insbesondere einen besonderen Lebensraum für zahlreiche heimische Pflanzen dar. Die Landschaft beinhaltet heute auch Sumpfpflanzen und sogar Birken, die allerdings nicht zu einer ursprünglichen Moorgegend gehören, sondern eher auf früheren Torfabbau und Luftverschmutzung zurückzuführen sind. Trotzdem wächst das Moor jedes Jahr ganz langsam ein klein wenig weiter und bietet einen Hoffnungsschimmer für alle Naturfreunde.

Ausgeschilderte Routen und Wege weisen den Wanderweg und den Umrundungsweg des Ewigen Meeres. An diese Pfade solltest du dich bei einem Besuch auf jeden Fall halten. Dann wird dein Moorabenteuer auch nicht zur Belastung für die naturbelassene Gegend. Aufgrund der Gefahr, an einigen Stellen im Moorgebiet ein- und abzusinken, ist dies sowieso eine gute Idee. Die ostfriesische Landschaft ist bei jedem Wetter und jeder Jahreszeit bestaunenswert idyllisch. Allerdings kann es hier auch schnell kalt und feucht werden, eine gute Jacke und festes Schuhwerk sind daher ein Muss. Dann kann es losgehen und der Naturausflug lädt zum Träumen und Erholen ein.

GESPENSTERWALD NIENHAGEN

Bizarre Baumlandschaften, lange und dunkle Schatten, lückenhaftes Wachsen ohne Sträucher – der Gespensterwald trägt seinen Namen zurecht, so sehr regt sein Anblick die Fantasie jedes Besuchers an. Die hoch gewachsenen heimischen Bäume lassen zwar viel Platz zwischen einander, doch wachsen hier keine Sträucher, die diese seltsamen Lücken füllen würden. Die langen Schatten im Sonnenlicht stammen nicht nur von den Bäumen, sondern auch von den Strandgräsern, die hier am Wasser wachsen. Der Wald liegt nämlich mitten in Mecklenburg-Vorpommern, an der Ostsee bei Nienhagen.

Der salzhaltige und feuchte Ostseewind, der hier gerne auch mit starken Stürmen einher geht, hat hier auch das Baumwachstum geprägt – die Kronen scheinen in ihrer Form geradezu von der See zu fliehen. Sie haben daher auch den Beinamen „Windflüchter" erhalten. Kein Wunder also, dass vielen Besuchern ein kribbelige Schauer durch den Rücken fährt, wenn sie den Wald betreten.

Du solltest für einen Ausflug hier her auf jeden Fall deine Kamera einpacken, denn gerade bei Sonnenschein (bzw. Sonnenauf- oder untergang) bietet der Gespensterwald die perfekte Fotokulisse. Ansonsten kannst du in der Gegend stundenlang spazieren oder einfach nur am Ostseesand ausruhen, ein Buch lesen und die warmen Sonnenstrahlen genießen. Auch an kühleren und windigen Tagen ist der Gespensterwald einen Anblick wert, denn dann kannst du aus eigener Erfahrung erzählen, wie sich die Bäume geisterhaft von der See verabschieden wollen und wie schaurig der Wind über den Sandstrand und durch die Waldlücken fegt. Bizarr und anmutig zugleich – besser könnte es keinem Geisterfilm entspringen!

HAMBURGER HALLIG – EIN ABENTEUER IN NORDFRIESLAND

Die Hamburger Hallig ist nicht gerade ein herausragendes Wildnisabenteuer, aber eine schöne Gelegenheit, Ruhe und frische Luft zu tanken. Sie ist über einen 4 km langen Deich mit dem Festland verbunden und eignet sich ideal für einen kleinen Tagesausflug in Nordfriesland.

Auf der Strecke zur Hallig ermöglicht sich bereits ein Blick auf die Salzwiesen – besonders schön ist es hier zur Blütezeit der Pflanzen wie Strandflieder und Strandaster! Natürlich grasen auch hier, wie so typisch für den deutschen Norden, die Schafe friedlich auf dem Deich und auf den Wiesen. Auf der Hallig angekommen, kann die Zeit für einen Spaziergang, eine kleine Radtour oder auch eine Autoumrundung genutzt werden – sowohl der Weg über den Deich zur Hallig als auch um die Insel herum sind befahrbar. Dem Abenteuer steht also auch kein nass-kaltes Wetter entgegen. Abseits der Saison eignet sich die Hallig für ein kleines Picknick, eine Wanderung und einen Blick auf die wilde Nordsee und andere Halligen. Während der Saison gibt es eine Gaststätte, die geöffnet hat, es herrscht daher aber auch mehr Trubel.

Für Vogelliebhaber ist die Hallig ein idealer Ort zum Vogelbeobachten, denn hier nisten jedes Jahr zahlreiche verschiedene Wasser- und Zugvögel. Außerdem befindet sich auf der Hauptwarft die Wattwerkstatt, die dir alles spannende zum Thema Watt und Wattenmeer näher bringt.

Wenn du dich auf einen Ausflug begibst, denke auf jeden Fall an bequeme Schuhe und eine Jacke. Eventuell kann auch ein (leichter) Schal vorteilhaft sein, denn dank der Nordsee herrscht hier auch während der wärmeren Monate häufig ein frischer Wind. Denke wie immer an Verpflegung und, wenn du zur Hauptsaison fährst, an die Badeklamotten für einen Sprung ins kühle Nass!

HARRIERSAND – DEUTSCHLANDS LÄNGSTE FLUSSINSEL

Die Flussinsel Harriersand befindet sich in der Unterweser, zwischen Bremen und Bremerhaven sowie der niedersächsischen Stadt Brake. Sie misst eine Fläche von sechs Quadratkilometern und elf Kilometern Länge. Das macht sie nicht nur zur längsten Flussinsel Deutschlands, sondern auch zu einer der längsten Flussinseln Europas!

Wenn du dich im Norden befindest, kann der Ausflug nach Harriersand ein willkommenes kleines Abenteuer sein. Nicht jeden Tag landet man schließlich so einfach auf einer Flussinsel! An einigen Stellen ist Harriersand nur 500 Meter breit, was den Ausblick in alle Richtungen und das Wasser auf allen Seiten besonders eindrucksvoll macht. Die Insel besitzt nur eine Straße, die vorwiegend für Landwirtschaft genutzt wird. Daneben gibt es Sand- und Badestrände – die Insel kann also sehr entspannt mit einer Rundfahrt oder einem Strandspaziergang erkundet werden. Auf Harriersand kannst du einen entspannten Tagesausflug machen, aber auch übernachten. Es gibt sowohl Campingplätze als auch Ferienhäuser, die aufgrund des möglichen Hochwassers zu Sturmzeiten auf Stelzen gebaut werden.

Harriersand bietet ein kleines Inselabenteuer direkt vor der Haustür. Die üppige Natur und der helle Sandstrand sorgen für ein authentisches Urlaubsgefühl und es ist leicht, sich in ferne Gegenden zu träumen und dem Alltag für ein paar Stunden vollständig zu entfliehen. Spar dir das Kofferpacken und die langen Anfahrtswege und begib dich auf ein kleines Rad- oder Fußwegabenteuer und mache Inselurlaub in der Heimat.

HAUSBOOTFAHRTEN AUF DER MÜRITZ

Die Müritz ist einer der Seen der Mecklenburgischen Seenplatte – Europas größtem Binnenrevier. Über 1.000 Seen gehören dazu, darunter zahlreiche Bade- und Angelseen, vielfach über kleine Kanäle und Flüsse miteinander verbunden. Und wo könnte man diese Seenvielfalt besser bestaunen als direkt vom Wasser aus?

Ein Hausboot ist wie ein schwimmendes kleines Ferienhaus, mit dem du die Seen ganz bequem bestaunen kannst. Es gibt kaum einen schöneren und entspannteren Weg, einen lauen Sommertag zu genießen. Das Hausboot bringt dich ohne Hektik und Anstrengung auf einen Ausflug in die Natur der Mecklenburgischen Seenlandschaft – genieße die Ruhe und das friedliche Rauschen des Wasser unter dir. Abends kannst du an einem Steg anlegen und den Nachthimmel beobachten. Lausche dem Zirpen der Grillen und lasse den Abend auf eine magische Weise ausklingen.

Ein Ausflug mit dem Hausboot eignet sich besonders gut für ein kleines Abenteuer. Egal ob als Tagestrip gedacht oder für ein ganzes Wochenende – auf einem Hausboot bist du gut gerüstet, um längere Zeit auf dem Wasser zu bleiben und die Seenvielfalt bei Tag und Nacht zu genießen. Boote, die bis zu 15 PS schaffen, können ohne Führerschein gemietet werden. Für Boote, die etwas schneller fahren (maximal 12 Stundenkilometer) wird ein Charterführerschein benötigt, der vor Ort in Form einer 3-stündigen theoretischen Einführung erworben werden kann. Wo man mit welchem Führerschein fahren darf, ist immer genau ausgewiesen. Einen richtigen Bootsführerschein brauchst du für diesen Ausflug also auch nicht!

Für das Hausbootabenteuer brauchst du nicht viel mitnehmen: Denke an Snacks und Getränke, und wenn du länger auf dem Boot sein möchtest, auch an richtige Mahlzeiten. Decke dich mit einer Regenjacke ein und vergiss die Badesachen nicht!

HOCH IN DEN WIPFELN – ÜBERNACHTUNG IM BAUMHAUS

Wolltest du schon immer mal in einem Baumhaus übernachten? Dann hast du in Dörverden endlich die Gelegenheit dazu! Direkt am Wolfcenter (dazu unten mehr) gibt es das Tree-Inn, das Baumhaushotel mit Blick auf das Wolfsgehege. Hoch in den Wipfeln mitten in einer wäldlichen Gegend und umrundet von Natur und Tieren, lässt es sich hier so richtig dem Alltag entfliehen.

Das Baumhaushotel besteht seit dem Jahr 2012 und beinhaltet mittlerweile zwei verschiedene Baumhäuser, die modern ausgestattet sind und sogar allergikerfreundliche Bettwäsche anbieten. Die Häuser bieten jeweils Platz für 4 Personen und eignen sich somit auch für ein Mikroabenteuer mit den Freunden oder der Familie.

Mitbringen musst du kaum etwas: Das Hotel bietet natürlich auch Gastronomie und sogar einen Picknickkorb im Baumhaus an! Ein paar Snacks können nicht schaden und je nach Jahreszeit eine warme Jacke, falls du den Abend draußen am Wolfsgehege ausklingen lassen möchtest. Ein bisschen Wildnis mitten im Alltag!

KAP ARKONA

Kap Arkona ist eine 43 Meter hohe Steilküste aus Kreide und Geschiebemergel auf der Insel Rügen. Sie gilt als einmaliges Ausflugsziel im Bundesland Mecklenburg-Vorpommern und bietet jedes Jahr zahlreichen Touristen einen besonderen Blick auf die Insel und das umgebende Wasser.

Kap Arkona lockt vor allem im Sommer und gilt als einer der

sonnenreichsten Orte Deutschlands. Doch auch an grauen Tagen bietet ein Ausflug zum Kap ein besonderes Erlebnis. Von hier aus kann die salzige Seeluft eingeatmet und der Wind in den Haaren gespürt werden. Kap Arkona kann als Start- oder Endpunkt einer Inselerkundung genutzt werden. Die Gegend eignet sich wunderbar, um auf den Spuren vergangener Zeiten zu wandern. Besondere Highlights von Kap Arkona sind die zwei Leuchttürme, der ehemalige Marine-Peilturm, zwei ehemalige Militärbunker, die slawische Jaromarsburg (eine in früheren Zeiten dem slawischen Gott Svantovit gewidmete Kultstätte) und die Wetterwarte des Deutschen Wetterdienstes. Es gibt also jede Menge zu entdecken!

Zum Kap gelangst du am einfachsten zu Fuß oder mit dem Fahrrad. Die Anfahrt mit Auto ist nur bis zum Parkplatz der Gemeinde Putgarten möglich. Dort müssen alle Fahrzeuge abgestellt werden. Die Weiterreise geht dann entspannt als Radtour oder Wanderspaziergang weiter. Auch eine Pferdekutsche kann genutzt werden oder aber die Fahrt mit der Kap Arkona-Bahn. Der Vorteil einer eigenständigen Fußmarsch- oder Radtour ist natürlich, dass du jederzeit anhalten, durchatmen und die Schönheit der umgebenden Natur bestaunen kannst. Vergiss deine Kamera nicht – der Blick vom Kap Arkona ist es definitiv wert, eingefangen zu werden. Ansonsten brauchst du dich nur mit Proviant und mit einer leichten Jacke oder einem Schal ausstatten, da es hier auch im Sommer aufgrund der Wassernähe und der Höhe schnell zu einem frischen Wind kommen kann.

KANUFAHRTEN IN MECKLENBURG-VORPOMMERN

Das Bundesland Mecklenburg-Vorpommern wimmelt nur so von Seen und Flüssen, die zu herrlichen Kanufahrten einladen. Von einem Kanu aus kannst du die naturbelassene Wasserlandschaft noch einmal ganz neu entdecken. Zudem bietet das Paddeln ein wenig Bewegung und nimmt dich mit auf eine Reise in längst vergangene Zeiten. Denn ehrlich – wer träumt beim Kanufahren nicht von wilden Urwaldgegenden und längst vergessenen Abenteuern?

Besonders gut eignet sich die Mecklenburgische Seenplatte für eine Kanutour. Egal wie kurz oder lang diese sein soll, hier findest du auf jeden Fall das richtige Gewässer für Anfänger und erfahrene Ruderer.

Zahlreiche Seen unterschiedlicher Größe laden zum Entspannen ein. An vielen Stellen sind sie durch künstlich angelegte Kanäle oder die Flüsse Elde und Havel miteinander verbunden. Einige von ihnen sind an die Oder, an die Berliner Gewässer und an die Elbe angeschlossen und laden so zu längeren Ausflügen in andere deutsche Gebiete ein. Daneben gibt es in der Gegend auch eine Vielzahl kleiner, nahezu unbekannter Flüsse, die daher auch mit besonders unberührter Natur und einer immensen Artenvielfalt an Pflanzen und Wasserbewohnern locken.

Fast alle Gewässer hier eignen sich für jegliche Arten von Booten. Für Kanutouren sind besonders die 10-Seen-Rundfahrt und die Havel-Müritz-Rundtour geeignet. Die 10-Seen-Rundfahrt hält, was der Name verspricht: Mehrere Seen in verschiedenen Größen, die über die Havel oder alte Frachtkanäle miteinander verbunden sind, die ruhige Natur der Mecklenburgischen Seenplatte und über 33 Kilometer langes Wasserwandern mit dem Kanu. Diese Tour kann aufgrund ihrer vielfachen Angeschlossenheit an weitere Seen und Flüsse nach Belieben erweitert werden. Die Havel-Müritz-Rundtour wiederum verspricht vor allem ruhige und sachte Gewässer auf einer Strecke von 60 bis 90 Kilometern. Auf diesen nahezu strömungslosen Gewässern finden auch Familien mit Kindern und absolute Beginner ihr Glück. Die Gegend hier ist ruhig, oftmals menschenleer und eventuell störende Motorboote gibt es aufgrund einer nur sehr kurzen Motorboot-Zone und mangels größerer Städte in der umliegenden Umgebung auch kaum.

Für eine kurze Tagestour ist die Rätzsee-Rundfahrt (auch 3-Seen-Tour genannt) ideal. Hier geht es mit dem Kanu gemütliche 17 Kilometer lang durch eine waldreiche Umgebung und romantische kleine Kanäle. Natürlich kannst du dir jederzeit eine eigene Tour ausdenken, wenn du bereits ein wenig Übung hast. Suche dir einen Kanuverleih – oder vielleicht besitzt du ja sogar schon selber eines?

Für Kanufahrten ist kein großes oder schweres Gepäck notwendig. Je nachdem, wie lange du unterwegs bist, solltest du nur an deinen Proviant denken und sicherheitshalber Kleidung tragen, die warm hält und ruhig ein wenig nass werden darf. Viele der Gewässer sind zwar ruhig, aber ein wenig spritzen kann es hier und da im Kanu doch mal und auch das windig-nasse norddeutsche Wetter sollte nie unterschätzt werden.

LEUCHTTURM-HOPPING UND MEE(H)R AUF FEHMARN

Fehmarn ist Deutschlands drittgrößte Insel (nach Rügen und Usedom) und liegt zwischen der Kieler Bucht und der Mecklenburger Bucht in der deutschen Ostsee. Fehmarn hat weniger als 13.000 Einwohner und lebt vor allem von der Landwirtschaft und vom Tourismus.

Leuchtturm-Hopping (also das Besuchen mehrerer Leuchttürme hintereinander) geht auf Fehmarn womöglich besser als an jedem anderen Ort. Ganze fünf Leuchttürme zieren diese Ostseeinsel und machen den Besuch zu einem interessanten Erlebnis für alle Freunde der küstentypischen Highlights. Besonders lohnenswert ist ein Besuch des Leuchtturms Flügge, da dieser der einzige Leuchtturm ist, der auch von innen besichtigt werden kann. Von hier aus erhältst du einen einmaligen Ausblick über die Insel und auf die Ostsee. Flügge liegt direkt am Strand und kann nur mit dem Rad oder zu Fuß erreicht werden – das macht seine unmittelbare Umgebung auch besonders friedlich und ruhig. Der nächste Leuchtturm, den du besuchen solltest, heißt Westermarkelsdorf. Er liegt an der Nordwestküste der Insel und zieht alleine durch seine auffällige achteckige Form und die markante Backsteinfassade immer wieder neugierige Besucher an. Die feuerrote Laterne dient immer noch zahlreichen Schiffen als Orientierungspunkt. Auch wenn der Leuchtturm nicht von innen bestaunt werden kann, bietet der Anblick des Turms und seines Feuers von draußen ein beeindruckendes Erlebnis.

Der Leuchtturm Strukkamphuk wurde im Jahr 1896 als Ersatz für eine bis dahin abendlich hochgezogene Laterne gebaut und leuchtet heute Schiffen, die aus dem Osten kommen, den Weg in den Sund. Der Turm steht mittlerweile unter Denkmalschutz und ist genau wie die anderen Leuchtturme der Insel ein besonders schöner Anblick und Ausruhort. Stabernuk ist der Name des jüngsten Leuchtfeuers Fehmarns. Er befindet sich an der Spitze des Südostens Fehmarns und fällt alleine durch seinen besonders stämmigen Bau und dem Wechselspiel aus gelben und leuchtend roten Backsteinen auf. Das liegt nicht etwa an der künstlerischen Ader des Architekten, sondern schlichtweg daran, dass die gelben Backsteine den Witterungsbedingungen auf der Westseite des Turms nicht standhalten konnten. So wurden sie auf dieser Seite gegen rote Backsteine ausgetauscht, was dem Leuchtturm auch heute noch sein zweifarbiges Äußeres gibt. Ganz als Gegensatz zum Leuchtturm Stabernuk erscheint der Leuchtturm Marienleuchte mit seinem schlanken Betonbau, der stolze 33 Meter misst. Die heutige Marienleuchte ist ein Nachfolger der ehemaligen Marienleuchte aus dem Jahr 1832. Dieser ehemalige Leuchtturm, der heute unter Denkmalschutz steht und nicht mehr genutzt wird, kann etwa 160 Meter südlich des Nachbaus von außen besucht werden. Der Nachfolger wurde aufgrund des zunehmenden Verkehrs notwendig, da eine Erhöhung des ursprünglichen Turms bautechnisch nicht möglich war. Der ursprüngliche Leuchtturm wird heute liebevoll als „alte Leuchte" bezeichnet. Für Leuchtturmliebhaber gibt es auf Fehmarn also so einiges zu sehen. Die Insel ist nicht besonders groß und im Prinzip können alle Leuchttürme an einem langen Tag beschaut werden. Wenn du dich lieber lange niederlässt, kannst du natürlich auch an deinem Lieblingsturm Rast machen und die typische norddeutsche Küstenlandschaft Fehmarns genießen. Neben den Leuchttürmen gibt es auf Fehmarn kleine Strände, Naturschutzgebiete und das Wasservogelreservat Wallnau, das eine idyllische Brut- und Schutzstätte für verschiedene Wasser- und Zugvögel darstellt. Wenn du auf der Suche nach friedvoller Atmosphäre und einer leichten salzigen Brise bist, bist du auf dieser Ostseeinsel genau richtig!

NATIONALPARK JASMUND

Der Name lässt bereits erkennen, wo sich Deutschlands kleinster Nationalpark befindet: Jasmund, die Halbinsel an der Insel Rügen, gehört zum Bundesland Mecklenburg-Vorpommern und bietet, auch wenn der Park für einen Nationalpark eher klein ist, eine atemberaubende Naturschönheit. Der Nationalpark existiert bereits seit dem Jahr 1990 und seit dem Jahr 2011 gehört ein Teil des Buchenwaldes zum UNESCO Welterbe.

Zum Nationalpark gehören neben dem Buchenwald auch die Kreide-Kliffküste nördlich der Hafenstadt Sassnitz, verschiedene Wiesen, Moore und Trockenrasen sowie die berühmten Rügener Kreidefelsen, inklusive des höchsten Punktes, dem Königsstuhl. Dieser misst ganze 118 Meter Höhe und ist damit ein idealer Ort für einen weiten Blick auf die Ostsee und über viele Teile der Insel Rügen. Hier liegt auch das Nationalpark-Zentrum Königsstuhl, das mit einer 2000 Quadratmeter großen Ausstellfläche Besucher zu jeder Jahreszeit und bei jedem Wetter anlockt.

Ein Ausflug zum Nationalpark Jasmund ist also nicht nur im Sommer ein schönes Urlaubserlebnis, sondern erlaubt auch abseits der Hauptsaison spannende Einblicke in heimische Naturvielfalt. Nimm ausreichend Proviant mit, denn du kannst hier stundenlang umherwandern und lernen. Dem typischen Inselwetter entsprechend kann es hier schnell windig werden, also sind ein dünner Schal oder eine leichte Jacke auch an wärmeren Tagen sinnvolle Begleiter.

NATURSCHUTZGEBIET LUNEPLATE

Das Naturschutzgebiet Luneplate befindet sich direkt beim Fischereihafen in Bremerhaven. Wer glaubt, dass in dieser Stadt Tourismus und Schifffahrt die Nase vorn haben, sollte unbedingt mal einen Besuch im Naturschutzgebiet in Erwägung ziehen und staunen, wie schön die regionale Landschaft sein kann. Das Naturschutzgebiet Luneplate wurde erst im Jahr 2015 als solches ernannt und beinhaltet sogenannte ökologische Ausgleichsflächen für große Hafenbauprojekte wie ein Container-Terminal.

Die Natur der Luneplate ist geprägt von Marschgrünland, Wattgebiet und den Tidepolder (als Polder wird ein eingedeichtes und niedrig gelegenes Gelände in der Nähe von Gewässern bezeichnet). Hier finden sich neben einigen heimischen Pflanzenarten faszinierenderweise sogar Wasserbüffel und Galloway-Rinder sowie zahlreiche verschiedene Vogelarten. Gerade im Winter finden diese hier ausreichend Schlaf- und Rastplätze. Darunter sind der Nordseeregion entsprechend vorwiegend Wasser- und Meeresvögel. Für interessierte Besucher bietet die Luneplate mehrere Beobachtungsanlagen, von denen aus die heimische Fauna aus idealer Distanz bestaunt werden kann. Dazu gehören etwa der Aussichtsturm im Süden und ein sogenanntes Beobachtungsversteck, von dem aus sich die Menschen den Vögel noch weiter nähern können, ohne dass sie dabei Gefahr laufen, von den Tieren selbst entdeckt zu werden und sie somit zu verscheuchen.

Wenn du dem Naturschutzgebiet in Bremerhaven einen Besuch abstatten möchtest, geht das am besten zu Fuß. Auch kleinere Radtouren sind möglich. Zieh dir auf jeden Fall bequeme Klamotten an, plane ausreichend Zeit ein und denke auch hier an das typisch nordische Wetter (das heißt: sei auf Regen und Wind gefasst). Der Besuch der Luneplate ist für jeden Naturfreund ein willkommener Ausflug abseits der Container-Riesen und Stadtwege.

OSTSEERADWEG

Der Ostseeradweg gehört mit über 2.000 Kilometern Länge zu den größten Küstenwegen Europas. Ganze 780 Kilometer können alleine in Deutschland abgefahren werden. An der Ostsee findest du auch den längsten Küstenwegs Deutschlands – ein Ausflug, der sich für echte Freunde des Wassers und der Seeluft absolut lohnt!

Der deutsche Ostseeradweg erstreckt sich von Schleswig-Holstein bis nach Mecklenburg-Vorpommern und kann von vielen Städten aus angefahren werden. Egal wo du dich gerade befindest, schnapp dir dein Fahrrad und radle los! Besonders markant sind die Buchten in Schleswig-Holstein. Die schönsten Sandstrände dagegen findest du in Mecklenburg-Vorpommern. Überall begleiten werden dich die Möwen, die frische Luft und der Wind in den Haaren. Der Ostseeradweg bietet eine ideale Flucht vor dem Alltag und eignet sich sowohl für eine kurze Tagestour als auch für einen Radausflug über mehrere Tage. Die Küstenlandschaft zeigt sich erstaunlich abwechslungsreich mit Bodden, Förden, Buchten, Sandstränden und Inseln und bietet ein erholsames Naturerlebnis für jedermann.

Überprüfe, bevor du losfährst, den Wetterbericht und denke daran, eine Jacke und ausreichend Wasser sowie Snacks mitzunehmen. Du kannst zwar unterwegs in verschiedenen Orten Halt machen und dir dort eine Mahlzeit kaufen, doch gerade beim Radfahren und Aktiv-sein lohnt es ich, ein paar kleine Zwischenmahlzeiten dabei zu haben!

PILGERN AUF DEM DEUTSCHEN JAKOBSWEG

Der Jakobsweg ist wohl der bekannteste und beliebteste Pilger- und Wanderweg Europas. Die meisten Menschen denken sofort an den spanischen Weg, der zielgerade nach Santiago de Compostela führt. Doch der Jakobsweg erstreckt sich über viele Länder und kann bereits – zu Teilen – in Deutschland abgelaufen werden.

Die beiden norddeutschen Wege sind der Via Jutlandica (auch der Jütländische Jakobsweg genannt) und der Via Baltica. Der Via Jutlandica zieht sich von der dänisch-deutschen Grenze bei Flensburg über Schleswig und kann dann entweder über Kiel nach Lübeck abgelaufen werden oder über Rendsburg, Glücksstadt und Stade. Der Via Baltica beginnt an der polnisch-deutschen Grenze und läuft quer durch Mecklenburg-Vorpommern, durch Greifswald, Rostock und Wismar, bis nach Schleswig-Holstein über Lübeck, Hamburg und Bremen bis nach Osnabrück in Niedersachsen.

Der Pilgerweg ist nicht nur für religiöse Pilger ein schönes Wandererlebnis, sondern für jeden geeignet, der frische Luft, Bewegung und ein kleines Abenteuerfeeling miteinander verbinden möchte. Die Wege können durch schöne ruhige Naturgegenden oder spannende Städte führen. Du musst nicht gleich den ganzen Weg ablaufen, doch schon das Folgen einer bestimmten neuen Strecke kann dich zu Orten bringen, an denen du noch nie zuvor vorbei gekommen bist. Packe deinen Wanderrucksack für einen Tag oder ein ganzes Wochenende und marschiere einfach drauf los. Pilgerherbergen zum Übernachten gibt es an allen Orten, die dieser Weg durchkreuzt. Du solltest allerdings abseits der Saison überprüfen, wie viele Unterkünfte tatsächlich geöffnet sind, wenn du vor hast, dort zu übernachten. Natürlich kannst du auch zelten.

Übrigens gibt es auch abseits des Nordens Pilgerpfade in Deutschland. Dazu gehören beispielsweise der Nordrheinische Jakobsweg, der Augsburger Jakobsweg und der Jakobsweg Köln – Trier – Metz. Also, wo immer du dich befindest – du findest sicherlich auch einen Wegabschnitt in deiner Umgebung. Und wer weiß, wenn du Gefallen am Wandern findest, gehst du womöglich eines Tages nach Spanien oder läufst die Wege deiner Nachbarländer ab? Es gibt überall etwas Spannendes zu entdecken und Pilgerwanderungen können zu den spannendsten Abenteuern deines Lebens werden!

PILSUMER LEUCHTTURM – DER LEUCHTTURM MIT DEM RINGELSOCKENANSTRICH

Er gilt als das bekannteste Wahrzeichen Ostfrieslands und ist vor allem durch die „Otto"-Filme berühmt geworden: Der rot-gelb gestreifte Leuchtturm auf dem Pilsumer Nordseedeich! Ein wirklich hübscher Anblick ist der Leuchtturm nicht nur aufgrund seines farbenfrohen Ringelsockenanstrichs, sondern auch aufgrund der menschenleeren friesischen Küstenlandschaft. Weite Wiesen, grüne Deiche und zahlreiche Schafe – die Gegend hier sieht aus wie einem Bilderbuch entsprungen. Ganz treu den Klischeeerwartungen der ostfriesischen Gegend finden sich hier nur selten Menschenansammlungen. Dafür gibt es immer einen perfekten Blick auf die Nordsee und lange ruhige Spazierwege, auf denen eine salzige Brise dein ständiger Begleiter ist. Wenn du ein wenig weiter spazieren möchtest, gelangst du schnell ins ostfriesische Runddorf Pilsum, das auf einer künstlichen Warft angelegt wurde. Dieser idyllische Ausflug ist perfekt geeignet, um wieder einmal richtig durchzuatmen und die Sorgen des Alltags mit den Wellen der Nordsee verschwinden zu lassen. Packe dir ein bisschen Proviant und wetterfeste Kleidung ein (wer die Otto-Filme gesehen hat, weiß schließlich nur zu gut, wie das Wetter hier typischerweise aussehen soll). Und schon bist du für den Nachmittag an der Küste gerüstet. An einem warmen Tag schmeckt ein nordisches Feierabendbier in dieser Einsamkeit natürlich besonders gut!

RHODODENDRONPARK HOBBIE

Zwischen alten und mächtigen Bäumen und unzähligen Rhododendronflächen spazieren – gemütlicher kann ein Nachmittagsausflug kaum sein. Der Rhododendronpark Hobbie in Westerstede ist der größte Rhododendronpark Deutschlands und ein wunderbarer Ort, um die Seele baumeln zu lassen.

Besonders schön ist der Park natürlich zur Blütezeit des Rhododendron, denn dann erstrahlt der ganze Park in prächtigen Farben. Hauptblütezeit ist im Mai, allerdings gibt es auch ein paar frühblühende Sorten, die bereits im März ihre Knospen öffnen, sowie einige Spätblüher, die ab Juni bis in den Herbst hinein für Farbvielfalt sorgen. Der Rhododendronpark ist aber auch abseits der Blütezeit ein schönes Spaziererlebnis, denn die Mischung auch zahlreichen Bäumen und Sträuchern sieht zu jeder Jahreszeit prächtig aus. Bis zu neun Meter hoch wachsen die Rhododendronbüsche am Parkeingang und erzeugen damit einen nahezu urwaldähnlichen Flair. Ein ganzer Rundweg ist etwa 2,5 Kilometer lang und kann in weniger als zwei Stunden abgelaufen werden. Zur Stärkung gibt es auch ein Parkcafé, allerdings kannst du dir genauso gut deine eigenen Lieblingssnacks mitbringen. Der Rhododendronpark lädt an einigen Stellen mit Bänken auch zum längeren Verweilen ein und kann für Hobbyfotografen auch eine schöne Kulisse darstellen.

SCHWEINSWALE BEOBACHTEN AUF SYLT

Vor der Insel Sylt mitten in der Nordsee befindet sich Europas erstes Walschutzgebiet. Es ist Teil des Naturschutzparks Schleswig-Holsteinisches Wattenmeer – und der perfekte Ort, um Schweinswale zu beobachten!

Schweinswale sind die kleinsten Wale der Welt und halten sich gerne in flachen Gewässern auf, um dort Heringe und Makrelen zu jagen. Besonders häufig sind sie von Sylt aus in den Sommermonaten zu sehen, da sie in der Zeit von Mai bis August ihre Kinder zur Welt bringen. Auf Sylt selber befindet sich der Walpfad, der mit zahlreichen Informationstafeln über das Schutzgebiet und die Wale informiert. Die Tafeln und ihre Aufstellung sind auch ein guter Indikator für die besten Aussichtspunkte, um die Wale zu beobachten!

Ein Ausflug zum „Whale Watching" muss also nicht gleich in die Ferne gehen – ein Ausflug nach Sylt kann schon für dieses besondere Erlebnis sorgen! Achte auf möglichst gute Wetterbedingungen, um die idealen Voraussetzungen zu haben. Gerade für das ungeübte Auge kann es schwer sein, die kleinen Rückenfinnen vom Strand aus zwischen hohen Wellen zu erkennen. Flaches und ruhiges Wasser und Windstille (ein leichter Ostwind geht auch) sind optimale Bedingungen. Funde sollten übrigens gern gemeldet werden, denn Wissenschaftler können diese Daten gut gebrauchen. Für das Informieren über das Sichten eines Wals gibt es (bislang nur für Apple) sogar eine App. Andernfalls kann ein entsprechendes Formular online gefunden werden.

Der Ausflug nach Sylt ist das perfekte Wochenendabenteuer.

Abgesehen von den kleinen Walen bietet Sylt auch eine wunderschöne Insellandschaft, herrliche Strände, Wattenmeer und Ruhe. Auch eine Radtour über die Insel ist eine schöne Idee. Wenn du die Möglichkeit hast, kannst du also gern dein eigenes Rad mitbringen. Andernfalls gilt auch hier: Für den Fall der Fälle die Regenjacke nicht vergessen, ein bisschen Verpflegung einpacken, eventuell ein gutes Buch für den Strand und ab geht's auf die Insel!

SEEBRÜCKE IN HERINGSDORF

Die Seebrücke Heringsdorf auf der Insel Usedom ist die längste Seebrücke Deutschlands und ganz Kontinentaleuropas. Ganze 508 Meter lang erstreckt sie sich in die Ostsee hinein. Während sie früher auch eine vorwiegende Funktion als Anliegerstelle erfüllen sollte, ist sie heute eher eine Flaniermeile mit Gastronomie und einem kleinen Muschelmuseum. Sie ist teilweise überdacht und bietet einen einmaligen Anblick auf die Ostsee hinaus. Von hier aus kannst du dich schnell in andere Länder träumen. Einen Anliegerplatz für Überfahrten nach Swinemünde gibt es übrigens immer noch. Wenn du also Lust auf einen längeren Ausflug hast, kannst du hier direkt starten.

Heringsdorf selber ist außerdem ein Seeheilbad und damit vorwiegend für seine Bäder bekannt. Kleine Museen, gastronomische Dienste und eine lange Promenade sorgen dafür, dass sich jedes Jahr zahlreiche Touristen in dieser Gegend tummeln. Besonders beliebt ist Heringsdorf im Sommer. Abseits der Saison ist der Ort inklusive der Magie der Seebrücke aber ebenso schön und auch ein wenig ruhiger.

SEEHUNDBÄNKE AN DER NORDSEE

Seehunde in ihrer natürlichen Umgebung beobachten – wer möchte das nicht? Die putzigen Tiere sehen gerade in Gruppen auf den Sandbänken niedlich und friedlich aus. Dabei sind Seehunde eigentlich Einzelgänger – sie kauern sich also nicht freiwillig zu eng aneinander und es kann auf den Seebundbänken durchaus schnell mal zu Reibereien kommen. Trotzdem ist das Beobachten der Seehunde ein schönes und lehrreiches Naturerlebnis.

Seehundbänke gibt es an der Nordsee einige und sie können von verschiedenen Orten aus angefahren werden. Am besten nimmst du die Fahrtangebote der ansässigen Reedereien in Anspruch. Die bringen dich mit dem Boot so dicht an die Seehundbänke, dass du sie entspannt beobachten und fotografieren kannst, aber nicht zu nah, um sie zu stören. Das ist einerseits im Sinne der Natur, denn der Tourismus soll die Wasserbewohner nicht ständig aufschrecken und aus der Ruhe bringen, und andererseits im Sinne der Beobachter – denn aufgeschreckte Seehunde springen direkt wieder ins Meer zurück und können bis auf weiteres nicht mehr beäugt werden.

Während einer solchen Fahrt wird dir außerdem alles Wissenswerte zu Robben, Seehunden und dem Wattenmeer erklärt. Die Seehundbänke können auch abseits der Hauptsaison besucht werden. Eine Chance auf den Blick junger Seehunde hat man jedoch am besten zwischen Mai und Juli. Wenn du lernen möchtest, was mit verlassenen Jungen passiert, kannst du auch eine Auffangstation besuchen, in der die Jungen – Heuler genannt – fit gemacht werden, bis sie bereit sind, in die Nordsee entlassen zu werden.

Seehundbänke kannst du beispielsweise von den Städten Wilhelmshaven und Cuxhaven oder den Inseln Langeoog, Wangerooge, Norderney und Baltrum anfahren. Für dieses Abenteuer empfiehlt es sich, eine Kamera und ein Fernglas mitzunehmen, um wirklich das meiste herauszuholen. Denke daran, dass es auf dem Boot schnell windig wird und du ggf. auch wetterfeste Kleidung einpacken solltest. Dann steht einem spannenden Nachmittag nichts mehr im Weg!

STRANDSEGELN UND KITE BUGGY IN ST. PETER-ORDING

Hast du schon mal von Strandsegeln gehört? Strandsegeln funktioniert ähnlich wie Segeln auf dem Wasser, nur auf Rädern: Ein kleines Fahrtgestell mit einem großen Segel, das ausschließlich vom Wind angetrieben wird. Der Fahrer sitzt und lenkt das Gestell.

St. Peter-Ording ist berühmt für jegliche Art von Wassersport und hat natürlich auch die Klassiker wie Segeln und Windsurfen im Angebot. Doch warum nicht mal etwas ungewöhnliches ausprobieren? Strandsegeln ist ein völlig neues Abenteuer und hat zudem den Vorteil, dass es zu jeder Jahreszeit möglich ist. Der Wind ist hier in der

Regel ständig ausreichend und solange es keine Stürme oder andere gefährliche Witterungsbedingungen gibt, ist Strandsegeln auch im Winter möglich. Du musst dich nur entsprechend warm anziehen!

Kite Buggy ist ebenfalls eine der vielen Möglichkeiten, am Strand St. Peter-Ordings aktiv zu werden. Der Name verrät es schon: Der Kite Buggy funktioniert ähnlich wie Kite Surfen, nur bist du hierbei in einem flachen Fahrgestell mit Gleitschirm anstatt auf dem Surfbrett und rast so den Strand entlang, anstatt die Wellen rauf und runter. Kite Buggy ist ein echtes Adrenalinerlebnis und kann ähnlich wie das Strandsegeln auch außerhalb der Saison stattfinden.

Während der Strandsegelwagen von der Form her an ein kleines Segelschiff auf drei Rädern erinnert, sieht der Kite Buggy eher wie ein Liegefahrrad auf drei Rädern aus. Beim Kite Buggy steuerst du das Vorderrad mit den Füßen, um mit den Händen den Gleitschirm zu halten. Für den Kite Buggy gibt es eine Sandbank zwischen St. Peter-Ording und St. Peter-Bad. Beide Fahrgestelle erreichen bei guten Bedingungen eine Geschwindigkeit von bis zu 100 Stundenkilometern! Dazu bist du hier umrundet von der wundervollen Naturvielfalt des schleswig-holsteinischen Wattenmeers und riechst mit jeder Brise das Salz in der Luft. Action und Urlaubsfeeling pur!

SURFEN AUF NORDERNEY

Norderney ist nach Borkum die zweitgrößte Ostfriesische Insel mitten in der Nordsee. Das Klima und die heiteren Wellen sorgen für perfekte Surfbedingungen, besonders zur Hauptsaison im Sommer.

Norderney lebt viel vom Tourismus und bietet neben den idealen Surfwellen auch gute Bedingungen für weitere Wassersportarten. Der Surferlebnis ist hier auch aufgrund der Schönheit der Lage ein besonderes. Wie alle Ostfriesischen Inseln ist Norderney nicht von einer Festlandmasse entstanden, sondern eine Düneninsel. Das bedeutet, vom Meer an- und aufgeschwemmter Sand sorgte für diese Anhäufung der Landmasse. Entsprechend ist das Bild der Insel von zahlreichen verschiedenen Dünenlandschaften und Sandstränden geprägt. Die Vegetation ist geprägt von Strandpflanzen. Zudem ist Norderney für seinen Sanddorn bekannt. Die Lage inmitten des artenreichen

Wattenmeeres macht das Wassersportabenteuer ebenfalls besonders. Surfe mit den Möwen über deinen Köpfen und den Seehunden auf den nahe gelegenen Sandbänken! Ein einmaliger Naturrlaub, der zwischen Action und Ruhe beliebig hin und her wechseln kann!

TRADITIONELLER SEGELTÖRN – ZEESENBOOTE

Zeesenboote sind traditioneller alte Fischereiboote, die vor allem im heutigen Landkreis Mecklenburg-Vorpommern verbreitet waren. Sie zeichnen sich insbesondere durch stabile, feste Eichenkörper und auffällige rot-braune Segel aus. Eine Segeltörn mit diesen Booten ist nicht nur für Geschichtsinteressierte ein einmaliges Vergnügen!

Mehrere Orte in Mecklenburg-Vorpommern bieten heute Segeltörns mit einem traditionellen Zeesenboot an. Auf einem altmodischen Rumpf, mit großen Segeln, die den Wind einfangen, geht es ab auf die Ostsee. Ein Abenteuer, was dich sofort mit in eine andere Zeit nimmt – mit dem Unterschied, dass du nicht auf Fischfang gehst. Ansonsten bleibt das authentische Segelgefühl damaliger Zeiten aber sehr gut erhalten. Die Segeltörns belaufen sich meistens auf einen Tag bzw. ein paar Stunden, einige Orte bieten auch Abendtouren an. In den Monaten September bis Oktober können dabei mit ein bisschen Glück sogar die Zugvögel beobachtet werden, die ihre Reisen antreten. Für Naturliebhaber noch ein kleiner Bonus!

ÜBERNACHTUNG IM STRANDKORB

In einen Strandkorb eingekuschelt den Sonnenuntergang beobachten, mit dem Meeresrauschen einschlafen, warten, bis sie wieder aufgeht, und morgens als Erstes den Wind in den Haaren spüren – hört sich wie ein Traum an? Dann packe deine Tasche und begib dich an die Nordsee, um diesen Traum wahr werden zu lassen!

An einigen Orten an der Nordsee findest du Schlafstrandkörbe, in denen du tatsächlich gemütlich übernachten kannst. Dazu gehören das Nordsee-Heilbad Büsum, die Inseln Helgoland und Föhr und die Husumer Bucht in Simonsberg. Die Schlafstrandkörbe sind online buchbar, bieten in der Regel Platz für zwei Personen und sind normalerweise mit Notfall-Licht, Taschenlampe und Schlüssel ausgestattet. Teilweise kann auch ein kleines Frühstück mitgebucht werden, ansonsten eignen sich die Gegenden meistens auch zum Picknicken und Grillen.

Mitbringen musst du regelmäßig dein eigenes Kissen und eine Decke. Der Strandkorb ist aber so aufgebaut, dass du ein Dach schließen kannst – wie ein kleines Zelt, dass sich morgens in den kuscheligen Sitzplatz verwandeln lässt, von dem aus du deinen ersten Kaffee mit Blick auf das Wasser genießen kannst! Je nachdem, wie lange du dich am Strand aufhalten willst, solltest du außerdem ausreichend Essen und Getränke mitnehmen, eventuell Wechselklamotten und eine Powerbank sowie Thermoskanne. Badesachen und Handtuch nicht vergessen, wenn es warm genug zum Schwimmen ist! In der Hauptsaison gibt es an vielen Orten außerdem einen nächtlichen Sicherheitsdienst, der auf Sicherheit und Ordnung Acht gibt – also kein Grund für Angst vor der Dunkelheit!

So schön das Märchen vom Nachtbaden im Wasser auch klingt – an einem Nordseestrand solltest du sowohl Baden als auch Wattwandern nachts lieber sein lassen, denn das Wetter schlägt hier gerne schnell um, der Schlick kann an einigen Stellen tief sein und fest sitzen und Ebbe und Flut spielen auch eine Rolle. Genieße die Nacht lieber von deinem kuscheligen Korbplatz aus und mach dich morgens auf ins Wasser! Ein Spaziergang oder kurzer Sprung ins kalte Nass ist bei Sonnenaufgang ein unvergessliches Erlebnis und sorgt dafür, dass das Frühstück noch besser schmeckt.

WANDERN AUF DEM WEYERBERG – EIN SANDBERG MITTEN IM TEUFELSMOOR

Faszinierende Wanderwege lassen sich nicht nur im Süden Deutschlands finden. Auch im Norden kannst du spannende Pfade finden, die dich in unbekannte Ecken bringen. Dazu gehört auch das Teufelsmoor in Worpswede!

Worpswede ist eine Gemeinde des Landkreises Osterholz in Niedersachsen und liegt mitten im Teufelsmoor. Sie ist vor allem für die Künstlerkolonie Worpswede bekannt und staatlich anerkannter Erholungsort. Der Weyerberg im Teufelsmoor ist genau genommen kein echter Berg, sondern eine 54,4 Meter hohe Sandinsel. In einer Gegend, in der alles flach ist, macht diese Erhöhung aber durchaus einen kleinen Unterschied! Die Landschaft des Teufelsmoors sowie der Weyerberg selber sind geprägt von eiszeitlichen Bewegungen und Schmelzwasser. Hier kannst du die friedliche Natur hautnah spüren. Die Gegend zeichnet sich durch geografische Geschichte, Ruhe und die besondere Flora und Fauna des Moors aus.

Wanderungen um und auf den Weyerberg sind idyllische Erholungsausflüge. Du musst nicht viel Gepäck mitnehmen und solltest aufgrund des nassen Moorbodens, und um die Natur nicht zu stören, auf den gekennzeichneten Wegen bleiben, doch dann kann diese Gegend dich auf die erholsame Reise durch die Moorlandschaft entführen. Kaum an einem anderen Ort kannst du den Alltag schneller zurücklassen. Wie idyllisch und friedlich hier alles Leben ist, beweisen auch die zahlreichen künstlerischen Arbeiten der Künstlerkolonie Worpswede, von denen viele Landschaftsportraits der heimischen Natur darstellen.

WANDERUNGEN IN DER LÜNEBURGER HEIDE

Die Lüneburger Heide ist eine Heide-, Geest- und Waldlandschaft im Nordosten Niedersachsens und trägt ihren Namen vor allem aufgrund der zahlreichen Heidefelder, die im Spätsommer in farbenfroher Blüte erstrahlen. Die Lüneburger Heide ist ein Landschaftsschutzgebiet und ein besonderer Ausflugort für Radfahrer, Spaziergänger und Wanderer.

In der Lüneburger Heide findest du zahlreiche Spazier- und Wanderwege für alle Gelegenheiten. Tageswege, die kürzer als 10 Kilometer sind, aber auch Wanderwege, die sich für mehrere Tage eignen – und natürlich ist der Ort auch ideal für kürzere oder längere Radtouren. Besuche können das ganze Jahr über stattfinden. Aufgrund der zahlreichen verschiedenen Pflanzenarten lässt sich hier zu jeder Zeit eine besondere Atmosphäre bestaunen. Besonders empfehlenswert ist ein besuch jedoch im Spätsommer, also von August bis September, denn zu dieser Zeit beginnt die bekannte Heide in ihrem markanten lilafarbenen Ton zu erstrahlen. Dieser Anblick ist wahrlich besonders und ein absolut fantastisches Erlebnis für alle Naturfreunde.

Deine Ausrüstung für dieses Mikroabenteuer hängt stark von der Länge deines Besuchs ab, doch in jedem Fall empfohlen sei dir Verpflegung und eine Jacke, falls es zu späterer Stunde kühl wird oder ein Wind aufkommt. Und natürlich bequemes Schuhwerk, denn du willst schließlich lange umher laufen! Bei den Wanderpfaden handelt es sich nicht um bergige und steinige Gebiete, also sind schwere Wanderschuhe nicht zwingend notwendig!

WATTWANDERN NACH NEUWERK

Die kleine Nordseeinsel Neuwerk wird schnell vergessen, wenn es um Inselausflüge geht – dabei bietet sie ein ganz besonderes Erlebnis: Sie lässt sich bei Ebbe nämlich zu Fuß erreichen!

Von der norddeutschen Stadt Cuxhaven aus entsteht bei Ebbe ein Wattweg zur Insel, der sich im Stadtteil Sahlenburg beginnend über 10 Kilometer, im Stadtteil Duhnen beginnend über 12 Kilometer erstreckt. Von hier aus kann eine Wanderung zur Insel bequem zu Fuß unternommen werden. Neuwerk selber ist klein, aber bewohnt, sodass du hier mit Sicherheit auch ein kleines Café für die wohlverdiente Pause findest. Auf Neuwerk kannst du entweder übernachten oder eine Schiffsfahrt zurück nach Cuxhaven unternehmen. Die Rückwanderung zu Fuß lässt sich leider nur an wenigen Sommertagen erfüllen, da die Tageslichtzeit ansonsten nicht für eine zweite Ebbe-Zeit ausreicht. Aber auch die Schiffsfahrt ist ein einmalig schönes Erlebnis und bietet noch einen zweiten Blick auf das Wattenmeer. Wenn du lieber übernachten möchtest, kannst du natürlich am nächsten Tag den Rückweg zu Fuß einschlagen. Alternativ gibt es sogar Kutschenfahrten für Hin- und/oder Rückweg.

Wenn du noch keine Erfahrungen mit längeren Wattwanderungen hast, solltest du dir der Sicherheit halber eine geführte Wattwanderung überlegen. Solche Wattführungen werden von Sahlenburg aus angeboten und sind ebenfalls ein herrliches Naturerlebnis – nur eben mit professioneller Begleitung. Vergiss so oder so nicht, die Tidezeiten zu checken. Für Wattwanderungen brauchst du die richtige Kleidung – normalerweise ist barfuß laufen kein Problem und für das „echte" Wattwandergefühl nahezu der Favorit, doch für eine lange Wattwanderung wie diese solltest du dir überlegen, passendes Schuhwerk zu tragen oder wenigstens mitzunehmen. Denn auf einer langen Wanderung steigt die Gefahr, dass du dich durch Muscheln an den Füßen verletzt und durch den schlickigen Boden können die offenen Wunden schnell verdreckt werden und sich entzünden – für die Reinigung und Behandlung einer offenen Wunde findet sich mitten auf dem Weg auch nicht immer eine gute Gelegenheit. Sogenannte Wattsocken sind ideal, es gehen aber auch alte, eng anliegende und hohe Turnschuhe oder dicke Tennissocken. Gummistiefel sind meistens eher ungeeignet, da sie in nassen, schlickigen Wattstrecken gern feststecken und oben mit Wasser vollaufen können.

Von dem richtigen Schuhwerk abgesehen, benötigst du einen kleinen, leichten Rucksack mit Verpflegung (auf jeden Fall ausreichend Wasser) und einem kleinen Tuch für die Füße. Ebenfalls praktisch sind Sonnencreme und Wechselkleidung, ein Sonnenhut, eine leichte Regenjacke und ggf. ein Fotoapparat und ein Fernglas. Natürlich kommt es dabei auch auf die Jahreszeit und das Wetter an. Denke aber daran, dass sich das Wetter an der Nordseeküste gerne mal schnell verändert und ein kühler Wind oder auch Regen häufig sehr spontan auftritt. Du bist also auf der sicheren Seite, wenn du zumindest eine leichte Regenjacke oder einen dicken Pulli einpackst. Für die Wanderung eignet sich außerdem eine schnell trocknende kurze Hose am besten. Wenn es zu kalt dafür ist, kannst du eine Wechselhose mitbringen und eine Hose anziehen, die ruhig dreckig werden kann. Generell sollten deine Klamotten bequem und nicht zu schwer sein und möglichst aus Stoffen bestehen, die sich nicht zu schnell mit Wasser vollsaugen. Wenn du einen Klamottenwechsel vorhast, vergiss nicht, einen Beutel für die dreckige Kleidung einzupacken!

Die Wattwanderung nach Neuwerk ist auf jeden Fall ein Ausflug der besonderen Art und eine gute Gelegenheit, so richtig Abstand vom städtischen Alltag zu nehmen!

WÖLFE HAUTNAH IM WOLFCENTER DÖRVERDEN

Wolltest du schon immer mal hautnah miterleben, wie sich Wölfe untereinander verhalten, wie sie spielen und fressen und ihre Jungen groß ziehen? Dieser spannende Traum kann im Wolfcenter Dörverden wahr werden!

Das Wolfcenter Dörverden hat eine Vision: Zu zeigen, dass dauerhaftes friedliches Miteinander mit wild lebenden Wölfen möglich ist. Wölfe stehen derzeit unter Artenschutz. Lange Zeit waren sie aus Deutschland vertrieben. Erst vor wenigen Jahren kamen die ersten Wölfe zurück. Um den Artenschutz zu fördern und gleichzeitig Fachwissen über die Wölfe zu verbreiten, wurde das Wolfscenter erreichtet und für Besucher geöffnet. Und um diese Vision wahr werden zu lassen, bietet das Wolfscenter gleich mehrere Besichtigungsvarianten an: Es gibt individuelle Führungen, Tagesangebote, Fütterungsmöglichkeiten und sogar das Angebot, für einen Tag als Tierpfleger mit dabei zu sein und den Alltag im Wolfscenter hautnah mitzuerleben. Klingt nach Abenteuer? Das darf wohl garantiert werden!

Im Wolfscenter können sich Besucher frei bewegen und müssen nicht an den Führungen und Fütterungen teilnehmen – sie sind jedoch empfehlenswert, weil die Mitarbeiter dabei allerlei spannende Informationen über die Wölfe teilen. Zudem gibt es Ausstellungen, die noch mehr zum Thema Wolf und Wildnis vermitteln. Wer von den übrigens hochsozialen Kreaturen nicht genug bekommt, kann sogar eine Patenschaft übernehmen. Im Wolfscenter gibt es außerdem auch Greifvögel zu bestaunen, für die Patenschaften ebenfalls möglich sind.

Alles in allem ist der Besuch ein spannendes Erlebnis und auch für junge Begleiter geeignet. Nimm dir ausreichend Zeit und bequeme Schuhe mit, denn du wirst wahrscheinlich länger herum laufen wollen – das Wolfscenter bietet allerhand spannende Momente!

VOM HARZ BIS IN DIE SÄCHSISCHE SCHWEIZ – MIKROABENTEUER IN MITTELDEUTSCHLAND

Im Norden die Küsten und das Meer und im Süden die Berge – und dazwischen? Mitteldeutschland wird gerne übersehen, wenn es um Ausflüge in die Natur innerhalb Deutschlands geht. Dabei gibt es in den mitteldeutschen Regionen ebenfalls wundervolle Ausflugsziele und viele Gelegenheiten für kleine Abenteuer in der Natur! Zahlreiche Wanderwege, Wälder und Gebirgszüge locken mit unterschiedlichen Landschaften und versprechen ein Outdoorfeeling, das mit jedem größeren Auslandsabenteuer mithalten kann! Also wage einen Blick auf die Regionen vor deiner Haustür oder mach dich auf zu einem Kurzurlaub in ein neues Bundesland und erkunde die schönsten Naturausflüge im mittleren Deutschland!

66-SEEN-WANDERWEG

Der 66-Seen-Wanderweg macht seinem Namen alle Ehre: Es handelt sich dabei um einen von Deutschlands schönsten Wander- und Radfahrwegen in der Region Brandenburg und im weiteren Berliner Umland, der an zahlreichen Seen, Tümpeln, Teichen und Flüssen vorbei führt. Von Potsdam aus geht der Weg unter anderem über Marquart, Henningsdorf, Strausberg, Halbe und Seddin wieder zurück nach Potsdam. Insgesamt ist der Weg 416 Kilometer lang und kann in 17 Tages-Etappen unterteilt werden.

Der 66-Seen-Wanderweg ist ein gutes Ziel für einen entspannten Ausflug in die Natur und eine tolle Gelegenheit, gleichzeitig körperlich aktiv zu sein. Während die ganze Umrundung mehrere Tage dauert, können Einzeletappen natürlich auch für einen Tagesausflug genutzt werden (auch für Hin- und Rückweg schöne Ziele). Auch Anbindungen an den öffentlichen Nahverkehr sind an vielen Punkten auf dem Weg sehr gut, sodass es immer wieder die Gelegenheit gibt, den Rückweg mit den öffentlichen Verkehrsmittel einzuschlagen.

Mach dich auf den Weg und erkunde die schöne – und zugegeben häufig unterschätzte – Brandenburger Landschaft. Der Ausblick auf die vielen Gewässer, die Ruhe abseits der Stadtmassen und die frische Luft sind wie ein Urlaub für die Seele. Je nachdem, wie lange du unterwegs bist, solltest du ausreichend Proviant und Wasser sowie wärmere Kleidung für die späteren Stunden parat haben. Checke auf jeden Fall vorher den Wetterbericht. Wenn du vorhast, mehrere Tage mit dem Rad unterwegs zu sein, empfiehlt es sich, außerdem eine leichte Luftpumpe einzupacken. Für mehrere Tage Fußmarsch sind gute Schuhe unerlässlich! Wie gesagt, deine Ausrüstung hängt immer ein wenig von den Tagesbedingungen und der Länge deines Ausflugs ab.

ABENTEUER-HALDEN IN DEN RUHRPOTT MOUNTAINS

Hast du schon mal von den Ruhrpott Mountains gehört? Wenn nicht, dann solltet du unbedingt mal einen Ausflug in die Richtung wagen! Das Ruhrgebiet wird leider nur allzu häufig als grau, hässlich und industrieüberladen beschrieben – dabei hat auch diese Region schöne Outdoor-Ziele zu bieten!

Das Ruhrgebiet beinhaltet beispielsweise um die 250 Halden! Diese werden von Liebhabern auch charmant Ruhrpott Mountains genannt. In der ansonsten vorwiegend flachen Landschaft bilden sie wahrlich einen herausstechenden Anblick. Doch die Ruhrpott Mountains sind noch viel mehr als nur ein schöner Anblick, der Spaziergänger begeistert. Sie bieten alle ihre kleinen Abenteuer - auf nahezu jeder Halde befindet sich etwas Neues zu entdecken. Da sie künstlich aufgeschüttet sind, findest du hier direkt einen Ort, der von langer Industrialisierungs- und Bergbaugeschichte zeugt. Viele Flecken bringen dich auf eine historische Erkundungstour. An mehreren Stellen wurden Erzähltafeln aufgestellt, die alles Wissenswerte rund um dieses Thema erklären und die Geschichte der Ruhrpott Mountains darstellen. Einige der Halden wurden begrünt und laden so zum Ausruhen und Naturbestaunen ein. Außerdem befinden sich auf sehr vielen Halden ungewöhnliche Kunstwerke, die zum Großteil auch zu interaktiven Abenteuern einladen. So kannst du beispielsweise auf Duisburgs Magic Mountain die begehbare Achterbahn Tiger & Turtle finden und in Bottrop die seltsamste Pyramide des Bundeslandes, den Tetraeder. Und zu guter Letzt belohnen die Halden mit einem wundersamen Ausblick auf die Ruhrpotter Gegend. Hier kannst du mit etwas Glück einen der schönsten Sonnenaufgänge oder -untergänge deiner Heimat erleben! Also worauf wartest du? Packe einen kleinen Wanderrucksack, ziehe bequeme Schuhe an und erlebe den Ruhrpott von einer ganz neuen Seite!

AUWALD-ERLEBNISPFADE

Die Auwaldstation in Leipzig hat im Jahr 2013 eine App entwickelt, die dich auf mehreren Pfaden durch den Auwald begleitet. Diese Pfade sorgen nicht nur dafür, dass du einen schönen Spaziergang durch den Leipziger Auwald hast – was alleine schon ein prächtiger Naturausflug ist – sondern bringen dir dazu allerlei spannende Informationen zur Waldlandschaft nahe.

Der ursprüngliche Auwald-Erlebnispfad bringt dich mit 14 Stationen durch den Wald und zeigt dir verschiedene Schutzgebiete, besondere Tier- und Pflanzenarten, Gewässer und vieles mehr! Die Stationen werden über Quizfragen und GPS erreicht. Dazu gibt es auf dem Weg Hörbeiträge, Videos, Bilder und sogar Tierstimmen, die die Erfahrung umso lebendiger machen. Zuvor können die Texte der Hörbeiträge online heruntergeladen werden, sodass auch diese auf dem Weg verfügbar sind. Auf interaktive Weise erhältst du so einen Naturlehrgang und bist gleichzeitig in Bewegung und an der frischen Luft. Dazugekommen sind zudem in den letzten Jahren ein interaktiver Schlosspark-Pfad mit 17 Stationen rund um den Lützschenaer Schlosspark und der Pfad „Im Reich der Bäume", der sogar 20 Stationen enthält. Hier lernst du alles Wissenswerte über die Herkunft verschiedener Bäume, ihre Lebensdauer und ihre Besonderheiten. Welche Geheimnisse sie wohl beinhalten?

Die Auwald-Pfade sind eine gute Gelegenheit, das eigene Allgemeinwissen zu fördern und spannende Dinge über die Natur zu lernen, während man gleichzeitig die Ruhe und Artenvielfalt des Auwaldes erleben kann. Denke bei diesem Ausflug wie immer an gutes Schuhwerk und ein wenig Proviant, da du möglicherweise eine Weile durch die Gegend laufen wirst. Und natürlich darf für dieses App-Abenteuer das Smartphone nicht fehlen!

BARFUSSLAUFEN IN BAD ORB – DEUTSCHLANDS LÄNGSTER BARFUSS-WEG

Barfußlaufen ist gesund und wirkt stimulierend und erfrischend – warum also nicht mal einen ganzen Barfußweg ablaufen? Eine wohlige Auszeit nicht nur für den Geist, sondern auch für deine Füße erhältst du auf Deutschlands längstem Barfußweg in Bad Orb!

Der Barfußpfad Bad Orb erstreckt sich über mehr als 4 Kilometer und beeindruckt mit über 30 Sinneseindrücke-Stationen. Der Pfad bietet Balancieren, Gehen durch Gewässer, Rennen, Schlammwaten und viele andere spannende Untergründe und Bewegungsarten. Deine Füße erleben hier ein echtes Gesundheitsabenteuer und du wirst sicherlich mit viel Freude durch die Pfade wandern. Dazu trainierst du deine Geschicklichkeit und Balance und bist umgeben von der schönen Natur der Orb-Gegend.

Für Gruppen bietet der Barfußpark auch Führungen an. Ansonsten kannst du den Park auch alleine betreten. Geöffnet ist der Park von Ostern bis Oktober und bietet je nach Jahreszeit unterschiedliche Eindrücke für die restlichen Sinne. Genieße die Auszeit und tue gleichzeitig deiner Fußgesundheit etwas Gutes!

BAUMKRONENPFAD IM NATIONALPARK HAINICH

Baumkronenpfade erlauben es dir, den Wald aus einer neuen Perspektive zu erleben. Und der Baumkronenpfad im Nationalpark Hainich ist mit Sicherheit eines der schönsten Ausflugsziele dieser Art.

Auf ganzen 540 Metern schlängelt sich der Baumkronenpfad durch die Spitzen der verschiedenen Laubbäume und bringt dich damit in die unmittelbare Nähe des Himmels, der oberen Baumbewohner und einer neuen Wettererfahrung – denn hier oben spürst du alles noch intensiver. Der Baumkronenpfad lässt dich einen Blick auf das Treiben zu den Füßen der Bäume werfen, neue Vogelstimmen entdecken und alles hautnah miterleben, was sich ansonsten in den Kronen der mächtigen Pflanzen abspielt.

Auch von diesem Pfad abgesehen bietet der Nationalpark Hainich ein besonderes Erlebnis. Teile des heutiges Waldgebietes waren früher militärische Sperrgebiete, die allerdings auch nicht vollkommen ausgenutzt wurden. An mehreren Orten konnte sich der Wald somit schon viele Jahre lang völlig ungestört entwickeln und ist damit ein heute nur noch selten auffindbares ursprüngliches Waldgebiet, das eine faszinierend vielseitige Flora zur Schau stellen kann. Zudem bietet der Park Lebensraum für viele vierbeinige Waldbewohner, Insekten und Vögel. Du kannst hier definitiv einen ganzen Tag verbringen, daher lohnt es sich, ausreichend Zeit mitzubringen. Aber auch für kurze Verschnaufpausen und ein bisschen Abwechslung zum grauen Stadtalltag ist der Park – und vor allem der Baumkronenpfad – bestens geeignet!

BERGWERKTAUCHEN

Bergwerktauchen nimmt dich mit auf eine Reise in die Tiefe – ein ganz besonderes Abenteuer und garantiert nichts für schwache Nerven. Erleben kannst du es im Sauerland in Westfalen.

Bei Nuttlar liegt ein ehemaliges Bergwerk, das seit 1985 nicht mehr im Betrieb ist und heutzutage zu spannenden Erlebnissen einlädt. Tatsächlich verspricht der Name dieser Aktivität nicht zu viel, denn beim Bergwerktauchen tauchst du in professioneller Ausrüstung tatsächlich unter Wasser. Die mittlerweile gefluteten Stollen laden zu teilweise schaurig anmutenden Besuchen ein und mit Begleitung wirst du hier unter Wasser hautnah an den ehemaligen Arbeitsplätzen der Bergarbeiter entlang geführt. Der Tauchgang ist ein Abenteuer der Extraklasse – es wird allerdings eine Bescheinigung benötigt, die nachweist, dass du in Höhlen tauchen kannst. Ansonsten bietet die Tauchschule, in Kooperation mit den Betreibern der Bergwerführungen, auch Tauchkurse an. So oder so – Taucherlebnisse beweisen hier, dass sie noch mehr bieten können als klare Meere und Korallenriffe (die deshalb sicherlich nicht weniger schön sind).

BERLIN VON OBEN – HEISSLUFTBALLONFAHRTEN

Heißluftballonfahrten haben etwas Magisches – wenn die großen, bunten Ballons am Himmel schweben, träumt fast jeder kurz von einem romantischen Ausflug und dem Blick von oben auf die Heimatstadt. Warum also nicht einfach mal das Abenteuer wagen und Berlin aus der Vogelperspektive entdecken?

Vom Ballonhof in Beelitz aus kannst du eine Heißluftballonfahrt über Berlin, Potsdam und ganz Brandenburg buchen. Der Startplatz liegt idyllisch in einer Streuobstwiese – diese Fahrt ist daher gerade während der Blütezeit der Obstbäume ein besonders schönes Erlebnis! Aber auch jede andere Jahreszeit bietet eine gute Gelegenheit für einen Ballonausflug, schließlich sieht die Welt von oben immer faszinierend und neu aus.

Auf einer Ballonreise brauchst du nicht viel mitnehmen. Die Fahrt wird natürlich von den Wetterbedingungen abhängig sein, so schließen starker Niederschlag oder gar Gewitter das Fahren natürlich aus. Auch wenn es zwischen den Höhenstufen Temperaturunterschiede gibt, spürst du sie auf der Ballonfahrt kaum, da die Höhen, auf denen sich die Ballons bewegen, selten so hoch sind, dass es merklich kälter wird. Eine dünne Jacke mitzubringen kann nicht schaden, doch du brauchst definitiv keine dicke Winterkleidung wie bei einer Wanderung auf einen sehr hohen Berg.

Eine Ballonfahrt wird meistens mit 6 bis 8 Personen unternommen – wenn du alleine oder mit weniger Menschen zusammen bist, kann es also sein, dass du mit einer anderen Gruppe zusammen in die Lüfte steigst – was den Ausflug natürlich nicht weniger schön macht. Im Gegenteil, du hast du sogar ein paar nette Gesprächspartner dabei!

BEEDER BIOTOP – NATURVIELFALT IM SAARLAND

Das Biotop bei Beeden wurden künstlich angelegt und bietet mit seinen zahlreichen Mulden, Wiesen, Nassbrachen und Gebüsch Heimat und Unterschlupf für alle möglichen heimischen Tierarten. Besondere Faszination liefern die Wasserbüffel, Weißstörche und Konikpferde, die du hier beobachten kannst.

In dieser Saarländischen Idylle kann dein Naturherz vollkommen aufblühen! Das Beeder Biotop begeistert Besucher immer wieder mit der Ausstrahlung von Ruhe und der Möglichkeit, die verschiedensten Tier- und Pflanzenarten zu entdecken. Für die Vogelbeobachtung ist das Biotop mit zwei Aussichtsplattformen ausgestattet, die vor allem gut geeignet sind, die Weißstorchpaare zu erspähen. Aber auch zahlreiche andere Vogelarten fühlen sich hier wohl und können über die Zeitspanne entdeckt und bestaunt werden, darunter Silberreiher, Nilgänse und sogar Fischadler. Ein 4 Kilometer langer Rundweg ermöglicht die Sicht auf alle Ecken des Biotops. Asphaltierte Pfade machen das Begehen auch mit Rollstühlen möglich und der Eintritt ist frei. Genieße den friedvollen Ausflug in die Natur und entdecke einen der schönsten und gleichzeitig spannendsten Orte des Saarlandes! Mitbringen brauchst du zum Biotop-Ausflug so gut wie gar nichts. Falls du Snacks für die Pause mitbringst, achte darauf, dass du deine Verpackung mitnimmst, um das Naturgebiet nicht zu verschmutzen!

BIOSPHÄRENRESERVAT MITTELELBE

Ein faszinierende Biosphärenreservat erwartet dich bei der mittleren Elbe. Dieses Reservat gehört zum größeren UNESCO Biosphärenreservat Flusslandschaft Elbe und erstreckt sich von der Lutherstadt Wittenberg über Magdeburg bis nach Seehausen in Sachsen-Anhalt. Biosphärenreservate machen sich Naturschutz zur Hauptaufgabe und bestehen aus einer Mischung aus Schutzgebieten, Landschaftsnutzflächen der Menschen und ursprünglich belassenen Gebieten. Naturschutz soll hier nicht das gänzliche Verlassen des Menschen bedeuten, sondern das im Einklang mit der Natur stehende Nutzverhalten.

Das Biosphärenreservat ist ein besonderes Naturerlebnis und zeichnet sich durch eine besonders große Artenvielfalt aus, die sich vorwiegend auf Flusslandschaftsarten beschränkt. So sind hier über 250 Vogelarten heimisch, 50 verschiedenen Libellenarten und 130 verschiedene Bienenarten – hast du überhaupt gewusst, dass es so viele verschiedene Arten dieser Insekten gibt? Zudem ist das Reservat eine Anlaufstelle für den Biberschutz. Mit ein bisschen Glück kannst du sogar einen Blick auf den Elbebiber erhaschen, den einzigen autochthonen (d. h. urheimischen) Biber Mitteleuropas.

Da der Weg entlang der Elbe durchaus lang sein kann, kannst du dich hier stundenlang an der heimischen Flora und Fauna erfreuen. Auch Kurzausflüge sind jedoch eine schöne Möglichkeit, ein Mikroabenteuer zu erleben und etwas Neues zu entdecken!

BIS ZUM BROCKEN UND WEITER – ÜBER DEN HARZER HEXENSTIEG

Der Harz ist eines der Gebiete, die erholsam sind und zugleich zahlreiche spannende Eindrücke und Legenden vermitteln. Einen vergleichbaren Ort wirst du in Deutschland nur selten vorfinden.

Beginnend bei Osterode zieht sich der Harzer Hexenstieg über den Brocken bis nach Thale. Und der Wanderweg hält absolut, was er verspricht: Mit spannenden Etappen und mystischen Gegenden lockt er den Besucher tief in den Harz und sorgt für so einige schaurige Augenblicke. Über dichte Nadel- und Mischwälder geht es zu steilen

Klippen, dunklen Gewässern und Moorgegenden und Felsschluchten, die jeden mit Höhenangst in die Knie zwingen wollen. Dazu gibt es zahlreiche Kunstinstallationen an den jeweiligen Etappen, die die Geschichte des Harzes und des Bergbaus nahe bringen, aber auch über Hexenmythen und Schauergeschichten berichten. Ein eindrucksvolles und spannendes Erlebnis für jeden, der mutig genug ist, den Hexenstieg zu betreten!

Der Hexenstieg ist knapp 100 Kilometer lang und verlangt Ausdauer. Es lohnt sich aber auch, nur Teile dieses Weges zu betreten und eine kurze Nachmittags- oder Tageswanderung daraus zu machen. Packe dir auf jeden Fall reichlich Wasser und Proviant ein, damit du unterwegs nicht müde und kraftlos wirst, und vergiss bequeme Schuhe und eine Jacke nicht. Auch der Fotoapparat ist hier wertvoll – wer weiß, wer oder was dir auf diesem unheimlichen Weg vor die Linse springt?

NATURMYTHENPFAD HARZ

Kaum ein Ort kann so viele Mythen und Legenden präsentieren wie der Harz – klar, dass es daher sogar einen Naturmythenpfad gibt, auf dem du allerhand Legendäres erkunden kannst! Ausgangspunkt des Pfades ist der Nationalpark-Wandertreff Jugendherberge Braunlage.

Der Mythenweg erstreckt sich über 4 Kilometer und beinhaltet mehrere Stationen mit Mythen, Informationstafeln und interaktiven Angeboten. Insgesamt sollten etwa 3 Stunden Zeit eingeplant werden. Auch der Wanderweg selbst ist dabei sehr abwechslungsreich, verläuft über kleine Bäche, schmale Trittpfade und liefert viele schöne Aussichten auf die restliche Harzumgebung. Dabei handelt es sich gleichzeitig um einen der leichtesten Wanderwege des Harzes und ist auch für Anfänger ohne große Anstrengung machbar.

Tauche ein in die faszinierende Naturwunderwelt des Harzes, lasse dich von den Legenden dieser Gegend einsaugen und erfahre die ein oder andere spannende Information über das Zusammenleben von Mensch und Tier. Vergiss gute Kleidung und Proviant nicht und schon kann die kleine Wanderung losgehen!

DER LANDSCHAFTSPARK DUISBURG-NORD

Duisburg ist sicherlich keine der Städte, die den meisten Menschen als Erstes einfallen, wenn sie an Natur und naturnahe Abenteuer denken – und doch hat auch diese Gegend Naturerlebnisse zu bieten! Wage einen Ausflug in den Landschaftspark Duisburg-Nord und erlebe die Stadt von einer ganz neuen Seite!

Der Landschaftspark verbindet auf einmalige Weise Natur, Wissensvermittlung und Industriekultur. Er wurde rund um ein altes Hüttenwerk gebaut und verschlägt dich schnell in eine andere Welt aus längst vergangenen Jahren. Der Hochofen kann besichtigt und bis zu seinem zweithöchsten Punkt in 70 Meter Höhe erklettert werden. Bei klaren Sichtverhältnissen hast du hier sogar die Möglichkeit, den Duisburger Fernsehturm zu sehen! Daneben gibt es einen Kletterpark in den Möllerbunkern sowie einen Landschaftspark an der Alten Emscher und noch zahlreiche weitere Abenteuerecken zu erkunden. Der Park ist ein einmaliges Erlebnis für jeden, der Duisburg einmal von einer etwas naturnäheren Seite sehen möchte, und für alle, die Interesse an verlassenen Industrieorten haben. Neben dem unheimlichen Kribbeln, das dich auf deinem Abenteuerweg begleitet, wirst du interessante Fakten über die Industriekultur dieser Stadt lernen und das ehemalige Treiben der Arbeiter an diesem Ort spüren. Der Park kann für kurze Verschnaufausflüge genutzt werden, eignet sich aufgrund seiner Vielfalt aber ebenso gut für ganze Tageserlebnisse!

DER SELKEFALL IM HARZ

Der Harz hat, wie gesagt, so einiges zu bieten. Der Selkefall ist ein weiteres Mikroabenteuer-Reich, das du dir in dieser Gegend nicht entgehen lassen solltest!

Der Selkefall ist ein von Menschenhand geschaffener Wasserfall im Unterharz. Er entspringt der Selke und befindet sich mitten im Naturschutzgebiet Oberes Selketal, in der Nähe von Alexisbad. Dieser kleine und friedliche Wasserfall liegt ein wenig abgelegen und bietet den idealen ruhigen Rastplatz für Wanderer. Ein kleiner Geheimtipp in einer Gegend, die gerade im Sommer gerne von vielen begeisterten Wanderfans besucht wird. Besonders schön sieht dieser Wasserfall übrigens im Winter aus, da das Wasser dann unter dem Eis rauscht und sich den Beobachtern nur an wenigen Stellen zwischen den weißen Schichten hindurch zeigt.

Obwohl der Selkefall einer der kleineren Wasserfälle ist, gehört er mit Sicherheit zu den schönsten und sollte daher auf einer Harzwanderung unbedingt besucht werden. Wenn du in der Siedlung Drahtzug beginnst, führt dich ein kleiner Wanderweg direkt an der Selke entlang zu diesem Idyll.

DER VULKANRADWEG

Für alle begeisterten Radfahrer liefert der Vulkanradweg die ideale Abenteuerstrecke! Ein Radausflug, der garantiert aus mehr als blühenden Wiesen und entspanntem Treten besteht.

Der Vulkanradweg erstreckt sich auf stolzen 94 Kilometern und verbindet die hessischen Wetterau mit dem Vogelsberg. Zeitweise führt er sogar entlang der ehemaligen Bahntrassen der heutigen Vogelsbergbahn. Entsprechend befinden sich auf der Strecke auch zahlreiche ehemalige Bahnstationen, die mittlerweile umgebaut wurden und Rastplätze, Museen, Gastronomiebetriebe und vieles mehr darstellen. So wird die Radtour gleich zu einem spannenden Entdeckererlebnis und bietet jederzeit Gelegenheit, eine kurze Pause einzulegen und sich zu erfrischen und zu stärken. Seinen Namen trägt der Radweg natürlich aufgrund des größten Vulkanmassivs Deutschlands: Dem Vogelberg. Sorge aufgrund des Vulkans musst du natürlich nicht haben, denn er ist bereits seit Millionen Jahren erloschen und deshalb teilweise bereits abgetragen. Nichtsdestotrotz ist die Landschaft hier immer noch von faszinierender Schönheit. Des Vogelsbergs höchster Gipfel ist übrigens der Taufberg mit 773 Metern Höhe über Normalnull. Auch diese Gipfellandschaft lädt bestens zum Wandern und Erkunden ein.

DIE OBSTWEGWANDERUNG BEI LEVERKUSEN

Bei Leverkusen kannst du einen paradiesischen Ausflug zu den Obstwiesen machen! Der Obstweg führt an zahlreichen Streuobstwiesen vorbei und versucht, die ökologische Bedeutung dieser Kulturlandschaft zu betonen. Ganze 9 Kilometer lang erstreckt sich dieser Weg und bringt dich dabei vorbei an den unterschiedlichsten Obstlandschaften.

Beginnen kannst du den Rundweg am NaturGut Ophoven in Leverkusen-Opladen. Dorthin führt er am Ende auch zurück. Er bringt dich an dem Fluss Wiembach vorbei, führt über die Siedlung Biesenbach und vorbei am Claashäuschen Richtung Burscheid-Großhamberg und schließlich über Atzlenbach ins Ölbachtal und zurück zum Ausgangspunkt. Zwischen dem Claashäuschen und Flabbenhäuschen kann der Weg allerdings abgekürzt werden, sodass er auf 5 Kilometer verkürzt wird – also auch eine gute Ausflugsidee für Tage, an denen du nicht so viel Zeit hast oder an denen deine Beine bereits müde sind. Ein besonderer Bonus: Wenn das Wetter mitspielt, kannst du Richtung Norden einen Blick auf den Kölner Dom und das Siebengebirge im Süden erhaschen. Der Rundweg kann das ganze Jahr lang voll ausgekostet werden. Besonders schön sind die Streuobstwiesen natürlich, wenn die Bäume in Blüte stehen oder sich die Obstsorten bereits voll entfaltet haben. Genieße den friedlichen Rundgang durch die Wiesen und bestaune die Schönheit der heimischen Obstbäume. Denn die geht leider nur allzu oft unter, wenn wir an ferne Palmen und fremde Baumarten denken. Dabei haben die heimischen Obstbäume so viel zu bieten!

DRACHENSCHLUCHT-ABENTEUER

Der Name Drachenschlucht verspricht bereits Abenteuer und Spannung! Und auch wenn du hier sicherlich nicht auf echte Drachen treffen wirst, wird dich dieser Ort nicht enttäuschen. Während anfangs noch weite Wege durch die Schlucht führen, drängen die steilen Wände beim Voranschreiten immer weiter zusammen, bis sie plötzlich nur noch schulterbreit sind. Wer nach oben sieht, erblickt dichte, moosbedeckte Felsenwände, die ihre Besucher bedrohlich in die Enge treiben. Unter den Füßen, die sich bald schon auf Gitterstegen wiederfinden, rauscht der Bach in seltsamer Friedlichkeit.

Die Drachenschlucht ist eine Klamm im Thüringer Wald und garantiert ein Abenteuergefühl, das einem fantastischen Roman nicht besser hätte entsprungen sein können. Sie gehört zum Naturschutzgebiet „Wälder mit Schluchten zwischen Wartburg und Hohe Sonne" und liegt etwa südlich von Eisenach. Spaziergänger und Wanderer finden hier noch viele weitere Wege, die zur und um die Drachenschlucht herum führen. Ein großes Vergnügen für jeden, der ein bisschen Kribbeln sucht. Besonders interessant ist die Schlucht übrigens auch im Winter. Dann bilden durch die Kälte und anschließendes Tauwasser entstandene Eiskristalle die unterschiedlichsten Formen und regen die Fantasie noch mehr an.

EINE FAHRT MIT DER BROCKENBAHN

Eine Fahrt mit der Brockenbahn ist ein wahrhaftig einmaliges Erlebnis! Sie bietet nicht nur die leichteste Möglichkeit, den höchsten Gipfel des Harzes zu erkunden, sondern stellt auch ein wahres Eisenbahn-Abenteuer dar. Für jeden Fan von historischen Loks und Bahnen gehört diese Fahrt zum Pflichtprogramm.

Historische Dampfloks ziehen die restlichen Wagen voran und den Berg hinauf. Die Fahrt dauert, wenn du beim Hauptbahnhof in Wernigerode einsteigst, etwa eine Stunde und 40 Minuten und liefert einen märchenhaften Ausblick auf die Harzregion. Von deinem Sitzplatz am Fenster aus hast du die ideale Sicht auf die weiten grünen Wiesen, die hohen Gipfel und die dunklen Wälder. Wenn du am Bahnhof Drei-Annen-Hohne einsteigst, kannst du den Brockenbahnhof in ca. 50 Minuten erreichen. Vom Brockenbahnhof aus sind es noch etwa 18 Höhenmeter bis zum Gipfel, der sich auf einer sagenhaften Höhe von 1141 Metern befindet. Die Wege sind sehr gut ausgebaut und zu Fuß leicht zu erklimmen. Die Fahrt ist für alle eine gute Alternative, die sich den ganzen Wandermarsch nicht zutrauen, nicht den ganzen Tag Zeit haben oder einfach auf der Suche nach einem neuen Erlebnis sind. Vergiss trotzdem die Snacks und auch die Kamera nicht – mit etwas Glück hast du oben auf dem Gipfel eine weite Sicht auf die norddeutschen Landschaften und die Bergregion des Harzes.

FLOSSFAHRT ÜBER DIE SAALE

Eine Floßfahrt hat etwas sehr Entspannendes und Entschleunigendes – fast märchenhaft scheint man über die Gewässer zu gleiten und erinnert sich in den meisten Fällen an Überwasserfahrten aus vergangenen Zeiten und mystische Geschichten. Und auf der Saale kannst du dieses Gefühl jederzeit nachempfinden!

Die Saale fließt von Sachsen-Anhalt und Thüringen bis nach Bayern und erstreckt sich damit auf ganzen 413 Kilometern. Sie entspringt im Fichtelgebirge zwischen Zell und Weißenstadt und führt allein aufgrund ihrer Länge an zahlreichen verschiedenen Ortschaften und Regionen vorbei. Sie streift Stauseen, Naturschutzgebiete, Wiesen und Wälder und mehrere Städte. Die größten Städte an der Saale sind Halle und

Jena. Floßfahrten über die Saale bieten mehrere Städte an, sodass du sicherlich auch eine Ort in deiner Gegend findest. Den größten Saale-Tourismus liefert Halle, doch auch kleinere Städte wie Rudolstadt oder Saalburg-Ebersdorf in Thüringen bieten die spannenden Floßfahrten an!

Je nach Anbieter sind die Flöße ein wenig verschieden, doch alle bieten ein authentisches Überfahrtserlebnis und echten historischen Flair an. Die Fahrten bringen dich durch naturnahe Gegenden und teilweise auch durch die Stadtkerne, was dir einen neuen Blick auf deine Heimat ermöglicht – direkt vom Wasser aus!

GEIERLAYSCHLEIFE UND HÄNGEBRÜCKE

Die Geierlayschleife ist einer der schönsten sogenannten Premiumwanderwege Deutschland. Er liegt bei Mörsdorf und führt zu einer der schönsten Hängebrücken im Lande: Der Geierlay.

Die Geierlayschleife ist etwa 7 Kilometer lang und führt vorbei an mystischen Felslandschaften, wunderschönen naturbelassenen Wäldern und entlang des idyllischen Bachverlaufs des Mörsdorfer Baches. Das Highlight dieses Wanderwegs ist unumstritten die anschließende Hängebrücke, die direkt über das Tal des Baches führt. Sie ist etwa 360 Meter lang und ragt in 100 Meter Höhe über dem Boden. Sie kann kostenlos betreten werden und ist grundsätzlich das ganze Jahr über geöffnet – also kann sie auch in den kälteren Monaten noch besucht werden! Das Betreten ist grundsätzlich ungefährlich, denn die Brücke ist stabil gebaut und es gibt einen guten Schutz an den Seiten, um Herunterfallen zu vermeiden. Du solltest jedoch schwindelfrei sein, denn für Höhenangst ist diese Brücke mit Sicherheit nicht geeignet! An sehr windigen und stürmischen Tagen solltest du vom Betreten zur Sicherheit absehen. Mittig auf der Brücke kann der Wind deutlich stärker als auf dem festen Untergrund sein.

KARL-MAY-WANDERWEGE

Wer liebt sie nicht, die abenteuerreichen Karl-May-Geschichten um Winnetou, Old Shatterhand und den Wilden Westen? Die Karl-May-Wanderwege bringen dich mitten in diese Abenteuerlandschaft hinein – und das direkt vor der Haustür, im kleinen Saarland!

Bei Sulzbach gelegen, verbindet die Wanderschleife die Gebiete Ruhbachtal und Brennender Berg miteinander und sorgt für einen Ausflug in eine Gegend, die sofort als Grundlage für die fantastischen Abenteuer des Schriftstellers hätte dienen können. Die Widmung hätte nicht treffender sein können! Abwechslungsreiche, tiefgrüne Wälder, zwischendurch kurze Wiesenpfade und an jeder Ecke etwas neues zu entdecken – du findest dich wieder in einer Landschaft, die dich mit Holzskulpturen, verborgenen Höhleneingängen und eng verschlungenen Bäumen begrüßt. Ein richtiger Abenteurer kommt hier vollkommen auf seine Kosten. Nutze die Gelegenheit, dich in die Welt von Karl May zu träumen, und genieße die Bewegung an der frischen Luft ausgiebig! Du brauchst auf jeden Fall gutes Schuhwerk, bequeme Klamotten und ordentlich Proviant – eben eine echte Abenteurerausrüstung!

KIENITZ – ÜBERNACHTUNG IM ZIRKUSWAGEN

In Kienitz findest du eine Übernachtungsmöglichkeit der ganz besonderen Art – die Schlafgelegenheit im Zirkuswagen!

Kienitz ist ein kleiner Ort im Oderbruch und auf den ersten Blick nicht besonders auffällig. Die unscheinbaren Häuser scheinen sich hinter dem Deich nahezu zu verstecken und doch findet sich hier einer der schönsten Mikroabenteuerplätze des Landes. Mitten auf dem Grundstück des Naturerlebnishofes Uferloos steht ein altmodischer Zirkuswagen mit halbrunden Fenstern, dunklem Holz und hier und da einem Farbakzent. Beim Näherkommen sieht der interessierte Besucher direkt: Es gibt mittlerweile mehr als nur einen Wagen und – in den Wagen können Übernachtungen stattfinden! Vier der insgesamt sechs Wagen befinden sich um ein Holzrondell mit Feuerstelle, an dem abends gemütlich gesessen, gegessen und getrunken werden kann. Die zwei anderen Wagen befinden sich ein wenig abseits am Rande des Geländes. Alle Zirkuswagen wurden restauriert und eingerichtet. Sie verfügen über Terrassen mit Sitzmöglichkeiten, Schlafgelegenheit, ausreichend Stauraum für Gepäck und für die kalten Monate ab Oktober sogar kleine Kohleöfen zum Heizen. Auch für Strom ist gesorgt und Bettwäsche ist vorhanden. Es wird allerdings darum gebeten, Handtücher mitzubringen und für alle Fälle auch eine Taschenlampe. Schließlich steht der Wagen mitten im Freien und die Trockentrenntoiletten und

Waschhäuschen (mit Duschen) befinden sich außerhalb des Wagens. Kerzen sind aus Sicherheitsgründen im Wagen nicht erlaubt. Die Übernachtung kommt außerdem mit Frühstück – je nach Wetterlage wird das sogar authentisch am morgendlichen Lagerfeuer präsentiert!

HOCH HINAUS IM EUROPA-KLETTERWALD

Wer Höhen liebt und sich gerne körperlich bewegt, findet im Europa-Kletterwald das ideale Mikroabenteuerziel! Er liegt im Kinzigtal zwischen Frankfurt und Fulda und bietet ganze 30.000 Quadratmeter Kletter- und Abenteuerspaß mit zahlreichen unterschiedlichen Kletterelementen. Der Europa-Kletterwald zählt zu den größten Hochseilgärten in Deutschland und bietet Vergnügen für große und kleine Kletterfreunde!

Zu den Highlights dieses abenteuerlichen Parks gehört die Europaseilbahn, die nicht nur zu den längsten Seilrutschen Deutschlands, sondern ganz Europas gehört. Sie ist etwa 800 Meter lang und lässt dich rasant über die Wiese und zurück ins Tal fliegen! Ein großartiger Adrenalinkick für jeden, dem der Kletterspaß alleine noch nicht ausreichend ist. Daneben gibt es mehr als 100 verschiedene Kletterübungen, die Wackelbalken, Seilrutschen, Hängebalken und sogar Surfbrett-, Klettertunnel-, und Snowboard-Elemente beinhalten. Abwechslungsreicher könnte der Park kaum gestaltet sein. Natürlich werden die Parcours aus Sicherheitsgründen gut überprüft und du wirst ausreichend abgesichert und ausgerüstet werden. Kinder können an den leichten Parcours bereits ab sechs Jahren und 120 cm Körpergröße mitklettern!

HINTERES RAUBSCHLOSS

Das Hintere Raubschloss, auch unter den Namen Winterstein oder Raubstein bekannt, ist ein langgestrecktes Felsmassiv inmitten der Sächsischen Schweiz. Zahlreiche spannende Wanderwege geleiten dich hierhin und bieten dir einen Anblick, der dich in längst vergangene Zeiten zurückversetzt.

Das Felsmassiv ist ziemlich alleine stehend und wirkt dadurch umso imposanter. Der Gipfel ragt stolze 389 Meter in die Höhe. Hier befand sich zu früheren Zeiten die mittelalterliche Felsenburg Winterstein, von der heute nur noch ruinenartige Überreste zu finden sind. Dazu zählen einsame Treppenstufen, Balkenfalze und Zisterne – nicht genug, um zu erkennen, was diese Bruchstücke mal gewesen sind, und doch ausreichend, um die Luft vergangener Tage einzuatmen.

Die Wanderwege führen durch die schöne Gegend der Sächsischen Schweiz und wären sogar ohne den Besuch dieses geheimnisvollen Ortes einen Ausflug wert. Die Gegend ist großteilig naturbelassen, voller verschiedener Pflanzen- und Tierarten und der ideale Ort, um wieder ganz zur Ruhe zu kommen. Der Gipfel des Raubschlosses kann über Leitern und Stiegen bestiegen werden, was dem Ausflug besonderen Abenteuergeist verleiht. Von dort oben kannst du einen wundersamen Ausblick über die Wälder der Sächsischen Schweiz genießen und ein wenig auf historischen Spuren wandern.

PALMENGARTEN IN FRANKFURT AM MAIN

Hast du gewusst, dass du in Frankfurt am Main zwischen Palmen spazieren gehen kannst? Wenn nicht, dann wird es Zeit, sich diesen Garten endlich anzusehen! Unter dem Motto „Pflanzen, Leben, Kultur" bewegt sich das Projekt des Palmengartens seit dem Jahr 1997 und ist mittlerweile einer der schönsten Oasen in der Großstadt.

Auf breiten 22 Hektar befinden sich sowohl im Freiland als auch in überdachten Räumen verschiedene Pflanzenarten aus aller Welt. Teilweise triffst du auf historische Schauhäuser, Ausstellungen und Themenführungen. Sogar Musikveranstaltungen finden hier immer wieder statt! Dazu kannst du um die 13.000 diverse Pflanzenarten bewundern und dir zahlreiche Informationen dazu durchlesen. Zu dem Palmengarten gehören auch ein Botanischer Garten und zahlreiche Entdeckungsrundgänge. In den Sommermonaten erfreuen sich auch die Insekten an den vielen Wiesen und Beeten, darunter einige, die in der Wildbahn leider sehr selten geworden sind. Ein Besuch dieser Gärten ist das beste Ziel für einen Ausflug ins Grüne, abseits der grauen Straßen und des Lärm der Großstadt! Auch für Fotografen ist dieser Ort ein absolutes Highlight der Stadt.

REITEN IN DER ALTMARK

Auf hohem Ross neue Pfade erkunden – Reiterausflüge können spannende Abenteuer für jede Altersgruppe sein. Und nirgendwo finden sich schönere Reitwege als in der Altmark! Ganze 40 Reiterhöfe finden sich in dieser Gegend in Sachsen-Anhalt und viele davon sind unter dem Interessenverband mit dem zauberhaften Namen „Sternreiten in der Altmark e. V." zusammengekommen, bei dem du alle notwendigen Informationen zum Reiten erhalten kannst.

In der Altmark kannst du an vielen Orten und auf vielen verschiedenen Wegen ganz ohne Beschränkungen reiten. Dazu führen dich die Wege durch wilde Kiefer-, Eichen- und Buchenwälder, über hügelige Landschaften und an grünen und blühenden Wiesen vorbei. Reiterliebhaber kommen vollkommen auf ihre Kosten und finden neben einigen ruhigen gemächlichen Reitwegen auch weite Strecken zum grenzenlosen Galoppieren. An vielen Orten ist die Gegend so ruhig und einsam, dass nicht mal viele Wanderer stören und schon gar keine Autos. So gibt es, wenn du dich ebenfalls vorsichtig genug verhältst, gute Chancen, zahlreiche Wildtiere zu erspähen, die sich hier noch ungestört ausbreiten können.

Viele der Reiterhöfe bieten Schnupperwochenenden, Reitstunden, Tages- oder Mehrtagesritte und kurze Ausflüge auf hohem Ross an. Dabei finden Anfänger und Reitprofis jeden Levels die passenden Angebote.

SCHWINDELFREI ÜBER DIE ZIEMESTALBRÜCKE

Wer zur Ziemestalbrücke kommt, darf nicht unter Höhenangst leiden, so viel steht fest. Dieses 32 Meter hohe Viadukt einer Bahnstrecke ist ganze 115 Meter lang und führt auf einem Gleis und auf fünf Gerüstpfeilern über den Ziemesgrund. Gebaut wurde die Brücke vollständig aus Stahl und liefert so auch von weitem einen imposanten Anblick. Die Bahngleise wurden im 19. Jahrhundert genutzt, sind heute aber stillgelegt, sodass keine Sorge vor einem möglichen Zugnähern bestehen muss.

Nicht nur die Aussicht der Ziemestalbrücke, sondern auch die Wanderung dorthin ist ein schönes Erlebnis. Der Weg führt zunächst an einer alten Burgruine vorbei – dort gibt es zwei Möglichkeiten, weiter zu gehen, einen steilen, dafür aber kürzeren Weg links an der Ruine vorbei (eher etwas für Kletterer und Wanderer mit Erfahrung) und einen leichteren, aber etwas längeren Weg rechts an der Ruine vorbei (eher für gemütliche Spaziergänger). Über einen Fluss und eine erste, aber kleine Brücke geht es weiter, bis schließlich die imposante Ziemestalbrücke erreicht wird. Auch hier gibt es zwei Möglichkeiten, zur Brücke hoch zu gelangen: Entweder über kleine Treppenstufen oder einen kleinen Trampelpfad. Während der Wanderung läufst du immer wieder durch kleine Tunnel und entlang der ehemaligen Bahngleise. Ein kleines Wandererlebnis in der Natur Thüringens, das mit einem märchenhaften Ausblick von oben auf die Landschaft belohnt! Von der Brücke aus führt der Weg übrigens weiter und lädt zu längeren Wanderungen durch die Gegend ein.

SPREEPARK BERLIN

Hättest du gedacht, dass du in Berlin einsame und ruhige Orte finden kannst? So groß und laut die Stadt auch sein mag, auch Berlin hat einiges an ruhigen Fleckchen zu bieten – ganz oben auf der Liste steht natürlich der Spreepark!

Der Spreepark war einst ein Vergnügungspark im Norden des Plänterwaldes, der zum Bezirk Treptow-Köpenick gehört. Erbaut wurde er im Jahr 1969, ursprünglich unter dem Namen „Kulturpark Plänterwald". Während der DDR-Zeiten war er der einzige Freizeitpark dieser Region. Umgestaltet wurde der Park nach der Wende, sodass er ab 1991 eher westlichen Freizeitparks ähnelte – allerdings musste er sehr bald mit starken wirtschaftlichen Schwierigkeiten kämpfen und wurde bereits im Jahr 2002 geschlossen. Seitdem liegt das Gelände brach. Zwar wurde es im Jahr 2014 vom Land Berlin aufgekauft, um es wieder in Nutzung zu setzen, doch viel ist seitdem nicht geschehen.

Das Gute für alle Outdoor-Freunde: Hier finden sich viele Ecken, die ruhig und verlassen sind. Zahlreiche Grünflächen, aber auch mysteriöse Orte zwischen alten Freizeitfahrgeschäften und einem Riesenrad, das nur noch leicht im Wind hin und her schaukelt. Der Spreepark kann gerade an dunkleren und nebeligen Tagen auch etwas Unheimliches haben, was ihn gerade für Jugendliche und Freunde des Düsteren aber umso attraktiver macht. Hier wird jedermanns Abenteuergeist geweckt!

STERNENPARK WESTHAVELLAND

Wenn du es noch nicht getan hast, solltest du im Westhavelland unbedingt einen Abendausflug in den Sternenpark wagen. Aber auch wenn du hier schon gewesen bist, lohnt es sich, dieses Erlebnis zu wiederholen!

Im Westhavelland findest du einen der wenigen Orte Europas, die tatsächlich noch einen Nachthimmel präsentieren. Obwohl dieses Gebiet nur 70 Kilometer von Berlin entfernt liegt, ist es wesentlich ruhiger und einsamer. Das Westhavelland ist nur dünn besiedelt und hat damit auch nur wenig künstliche Beleuchtung zu bieten – was für Sternenliebhaber und Hobby-Astronomen natürlich ein kleines Paradies ist! Hier stören keine Stadtlichter und Leuchtreklamen den dunklen Nachthimmel, sodass sich eine freie Sicht auf die Sterne ermöglicht!

Tausende funkelnde Sterne erhellen hier den Himmel und sogar sogenannter Sternennebel ist mit bloßem Auge erkennbar. Faszinierende Naturschauspiele, die unter stadtnahen Bedingungen gar nicht mehr möglich wären. Wenn du Fernrohre hast, die besondere Sternsicht ermöglichen, oder professionelles Kameraequipment, lohnt sich das Mitbringen! Aber auch für Spaziergänger, die nichts außer ihrem Mitternachtssnack mitbringen wollen, ist dieses Abenteuer ein besonders romantisches und erstaunliches Erlebnis. Der Naturpark lädt zum Sternenbeobachten zu jeder Jahreszeit ein. Besonders gut funktioniert dies natürlich bei klarem Himmel. Die Kernzone des Parks, die die besten Bedingungen liefert, ist ganze 40 Quadratkilometer groß, sodass du hier auf jeden Fall deine Ruhe in der Abgeschiedenheit findest. Vergiss die Taschenlampe nicht, denn du weißt nie, wie dunkel es irgendwann wirklich wird. Die Augen gewöhnen sich in der Regel schnell an den klaren Nachthimmel, aber sollten Wolken aufziehen, kann dies schnell zu sehr schwierigen Sichtverhältnissen führen.

STREETKITEN IN BERLIN

Hast du schon gehört, was Streetkiten ist? Der Trendsport ist ein Windsport, bei dem der Fahrer einen Drachen mit sehr kurzen Leinen nutzt und auf einem Longboard oder Skateboard durch die Gegend düst – angetrieben von der Windkraft! Es funktioniert also ähnlich wie Kitesurfen und andere Drachensportarten, nur eben auf der Straße. Der Vorteil der kurzen Leinen besteht darin, dass die Drachen so von selbst im Wind stehen und kaum Korrekturarbeit nötig wird. So flitzt du rasant über den Asphalt!

In Berlin kannst du dieses kleine Abenteuer wahr werden lassen und dich auf den Straßen der Metropole so richtig austoben!

Kiteschulen bieten die Gelegenheit, mehrere Stunden lang aktiv zu sein – und wenn dich der Geist gepackt hat, besorgst du dir vielleicht selber eine Streetkite-Ausrüstung? Dann kannst du auf ausgewiesen Plätzen regelmäßig so richtig Gas geben!

SURVIVAL-TRAINING IN DER WILDNIS

Für einige Menschen ist es eine gruselige Vorstellung, für andere das Traumabenteuer – ein echtes Survival-Training mitten in der Wildnis! Warum nicht das Abenteuer wagen und dich in die Natur begeben – was glaubst du, wie gut wärst du vorbereitet, wenn es drauf ankommt? Nach diesem Training kannst du sicherlich sagen, dass du vielen neuen Situationen gewachsen sein wirst!

Spannende Survival-Abenteuer werden beispielsweise im Oberharz, im Thüringer Wald oder auch in unmittelbarer Nähe Dresdens angeboten. Jeder Anbieter bietet einen einmaligen Ausflug in die Wildnis und zahlreiche Möglichkeiten, dich richtig auszutoben. Dabei lernst du spannende neue Fähigkeiten, die du bei tatsächlichen Wildnisausflügen gut gebrauchen kannst. Wage das Abenteuer, aber sei gewappnet: Survival-Camps heißen nicht ohne Grund Survival-Camps! Du befindest dich draußen und musst unter Umständen auch kleine Unannehmlichkeiten hinnehmen. Dafür erhältst du ein Abenteuer, das du nie wieder vergessen wirst!

TITAN-RT

Es klingt wie etwas, das einem Actionfilm oder Videospiel entsprungen ist, doch es steht gleichzeitig für den Namen einer 483 Meter langen Fußgängerhängebrücke: Titan-RT. Diese einzigartige Brücke wurde mitten im Harz über das Bode-Staubecken gebaut und liefert auf 100 Metern Höhe einen einmaligen Ausblick auf die Harzregion.

Die Fußgängerbrücke Titan-RT gehört zu den längsten Fußgängerhängebrücken der Welt und ist mit ihrem 458,5 Meter langen, frei überspannten Teilstück sogar einmalig in dieser Bauart. Aufgrund der absolut stabilen Bauart ist es den Besuchern der Brücke möglich, sie völlig ohne Sicherheitsausrüstung zu überqueren – du kannst einfach hinüber spazieren, solltest aber definitiv keine Höhenangst mitbringen! Wagst du es, den Blick zu deinen Füßen und tief ins Tal und in das Staubecken zu werfen?

Doch damit noch nicht genug, Titan-RT liefert noch mehr Action: Von der Brücke ist mit der sogenannten Gigaswing ein Pendelsprung in die Tiefe möglich! Diese Brücke ist nicht nur für Fototouristen ein prachtvolles Ziel, sondern liefert für jeden Adrenalinjunkie ein passendes Abenteuer!

TRAUMHAFTE AUSSICHT VOM LUITPOLDTURM

Mit einer einmalig schönen Aussicht lockt der Luitpoldturm jedes Jahr aufs Neue zahlreiche begeisterte Besucher an. Auf 28,5 Metern Höhe bietet dieser Aussichtsturm einen fantastischen Ausblick über den Naturpark Pfälzerwald.

Er steht mitten auf dem Weißberg, dem höchsten Punkt des Pfälzerwaldes, und wurde aus behauenem Sandstein gebaut. Das und die rechteckige Form zeugen von seinem historischen Charakter. Eingeweiht wurde der Luitpoldturm im Jahr 1909. Im Jahr 1993 wurde er bereits unter Denkmalschutz gestellt. Seine vollständige Größe beträgt übrigens ganze 34,6 Meter. Über der Aussichtsplattform befindet sich nämlich noch ein Treppentürmchen mit Blechdach.

Der Luitpoldturm bietet einen hinreißenden Panoramablick auf ganze 457 namentlich benannte Orte und Ziele (nicht alle sind bei jedem Wetter erkennbar, aber wenn die Sicht klar ist, kann hier stundenlang nach all den 457 Objekten gesucht werden). Nimm dir dein Fernglas mit, um nach all diesen Flecken Ausschau zu halten! Zur besseren Orientierung befinden sich auf der Aussichtsplattform 12 Zielplaketten, an denen du die Richtung festmachen kannst.

TULPENFELDER IN SCHWANEBERG

Wer von weiten und farbenfrohen Tulpenfeldern träumt, muss dafür nicht erst in die Niederlande fahren. Der Geheimtipp befindet sich in Schwaneberg!

Wer die B 81 zwischen Schwaneberg und Egeln entlangfährt, kann sie schon von weitem aus dem Auto erkennen, die zahlreichen farbenfrohen Felder. Etwa Mitte April beginnen die Tulpen, in verschiedenen

Tönen zu blühen und prächtig zu gedeihen. Es ist der ideale Ort, um ein wenig durchzuatmen und sich an der Schönheit der Blumen zu berauschen. Da die Felder bereits aus der Ferne erkennbar sind, halten hier ab und an auch einige Autofahrer, um Fotos zu schießen. Dennoch lässt sich guten Gewissens feststellen, dass es sich bei diesen Feldern noch eher um einen Geheimtipp handelt, und du wirst gute Chancen auf relativ wenig Störungen haben. So kannst du ganz nach deinen Vorstellungen in die Weiten der Blumenpracht eintauchen, eine Weile spazieren gehen und nach Herzenslust Fotos schießen. Sei aber vorsichtig, dass du nichts zerstörst, denn schließlich wollen sich auch nach dir noch ein paar Besucher an den Feldern erfreuen.

UNESCO WELTKULTURERBE – BERGPARK WILHELMSHÖHE

Der Bergpark Wilhelmshöhe gehört zu Recht zum Weltkulturerbe – dichte Waldlandschalten, unzählige verschiedene Pflanzen und Denkmäler und natürlich der Herkules, das Wahrzeichen der Stadt, schmücken den größten Bergpark Europas! Er ist direkt am Hang des Habichtwaldes gelegen und beträgt eine Gesamtfläche von überragenden 560 Hektar.

Die Gartenanlagen sind beinahe schon künstlerisch und repräsentieren noch heute die Spuren der damaligen absolutistischen Herrschaft dreier Jahrhunderte. Hier lässt es sich stundenlang spazieren und Geschichte schnuppern. Und das Beste: Der Park ist ganzjährig geöffnet und ohne Eintritt betretbar.

Das Highlight des Parks ist natürlich die Aussichtsplattform der Herkules-Statue. Von hier aus erhältst du einen sagenhaften Blick auf die Mittelgebirge und die umliegende Landschaft, inklusive Harz und Rhön.

WANDERAUSFLUG ZUR WARTBURG – EIN GROSSES STÜCK GESCHICHTE

Die Wartburg bildet eines der mächtigsten Geschichtsstücke Deutschlands. Sie liegt auf beeindruckenden 411 Höhenmetern in Thüringen über der Stadt Eisenach und am nordwestlichen Rand des Thüringer Waldes. Schon von weitem ist dieses faszinierende historische Denkmal zu sehen. Gebaut wurde die Burg um das Jahr 1067 und seit dem Jahr 1999 gehört sie zum UNESCO-Welterbe. Ihren Namen trägt sie von dem alten Wort Warte, was so viel wie Wach(e) oder Wächter bedeutet (Wartburg = Wächterburg, Wachburg). Die heutige Burg besteht größtenteils aus neuen Bauteilen des 19. Jahrhunderts, da die ursprüngliche Burg kaum noch erhalten blieb. Um sie herum befindet sich ein beeindruckend schöner Landschaftspark und zahlreiche Wanderwege führen durch den Thüringer Wald zur Wartburg hin oder liefern mit einem Rundweg einen imposanten Blick auf die Burg aus der Ferne. Die Wartburg ist ein echtes Stück deutscher Geschichte und zeugt trotz der neuen Bausteine auch heute noch von dem Leben damaliger Zeiten, sodass ein Wanderausflug in Verbindung mit der Burgbesichtigung ein aktives und historisches Abenteuer darstellt – auch für sonstige Geschichtsmuffel ein spannender Ausflug! Selbst Rundwege, die zur Burg und wieder zum Ausgangspunkt zurückführen, können teilweise in 5 bis 6 Kilometern abgelaufen werden, doch viele der Wanderpfade sind wesentlich länger und für ganze Tageswanderungen herrlich geeignet. Was immer deinen Vorlieben entspricht, du findest hier sicherlich auch deinen Favoriten unter den Wanderpfaden.

WANDERN AUF DEM HERMANNSWEG

Wanderungen sind ideale Mikroabenteuer, da sie Natur, Bewegung an der frischen Luft und Entdeckergeist miteinander verbinden. Deutschland hat zahlreiche schöne Wanderwege zu bieten und der Hermannsweg ist nicht nur einer der längsten, sondern auch der schönsten dieser Wege. Er erstreckt sich auf einer Länge von 156 Kilometern und ist in 8 Tagesetappen eingeteilt. Somit eignet er sich auch für längere Ausflüge, während gleichzeitig leicht eine geeignete Strecke für einen Tag oder Nachmittag gefunden werden kann. Der Weg beginnt in der Münsterländer Parklandschaft bei Rheine, mitten zwischen idyllischen Grünflächen. Von dort zieht er sich über den Kamm des Teutoburger Walds und führt durch zwei Naturparks, den „Terra Vita" und den „Naturpark Eggegebirge und südlicher Teutoburger Wald". Immer wieder geht es auf dem weiteren Weg auf höhere Höhenmeter hinaus, sodass sich zahlreiche verschiedene Perspektiven eröffnen und viele Möglichkeiten bestehen, die Landschaft ein wenig von oben zu betrachten. Dazu lassen sich auf dem Weg diverse Attraktionen und Sehenswürdigkeiten finden, wie Denkmäler, historische Städte,

Schlösser, Klöster und Burgen – darunter auch die Burg Ravensburg. Der Weg begleitet dich auf eine dokumentarische Reise durch die Geschichte der Epochen von damals. Natürlich kannst du den Weg jederzeit und überall starten, nicht nur an seinem Ausgangspunkt. Du findest mit Sicherheit die perfekte Abenteueretappe für deine Zeit und dein Level. Rüste dich gut für mehrstündiges Gehen aus und los geht's!

WANDERWEGE IM TEUTOBURGER WALD

Im Teutoburger Wald lassen sich zahlreiche verschiedene Wanderwege finden, die dich immer wieder an neue spannende Ecken verschleppen und für jedes Wanderlevel Abwechslung bieten.

Der Teutoburger Wald befindet sich im Niedersächsischen Bergland sowie in Nordrhein-Westfalen und ist genau genommen nicht nur ein Wald, sondern ein Mittelgebirge. Es erstreckt sich vom Tecklenburger Land vorbei an Osnabrück, durch Bielefeld bis nach Horn-Bad Meinberg. Der Teutourger Wald beinhaltet zudem ein wahres Stück Geschichte: Er ist auch heute noch überregional für die Varusschlacht zwischen Römern und Germanen im Jahr 9 nach Christus bekannt. Die Schlacht findet häufig auch unter dem Namen Hermannsschlacht oder Schlacht im Teutoburger Wald Einzug in die Geschichtslehre.

Wenige Gebiete bieten so zahlreiche und diverse Wander- und Spazierwege wie der Teutoburger Wald. Hier findest du Strecken für jedes Level und jedes Zeitlimit. Zudem besticht die Region durch bunte Wiesen und Wälder, malerische Gebirgslandschaften und eine besondere Artenvielfalt mitten in der Natur. Genieße die Ruhe und begib dich auf ein Abenteuer an einem Ort, an dem bereits Römer und Germanen sie erlebt haben!

WITTE VENN

Witte Venn ist eine Landschaft, die sich durch Heiden, Moorwasser und einem Wechselspiel aus Wäldern und Wiesenlandschaften auszeichnet. Diese Vielseitigkeit macht das Gebiet für Besucher besonders interessant und abwechslungsreich. Heideflächen sind abwechselnd feucht und trocken, dunkle Moore führen zu Sümpfen und Naturlandschaften führen zu Kulturlandschaften. Witte Venn bietet noch einen fließenden Übergang: Es liegt genau an der Grenze zu den Niederlanden. Ein Ausflug ins Nachbarland ist schnell gemacht! Früher fanden sich daher hier lange Zeit zwischen der wilden Natur nichts als ein paar versteckte Schmugglerpfade. Heute gibt es hier einige Spazier- und Wanderwege, die aufgrund der schützenswerten Artenvielfalt in dieser Landschaft jedoch besonders sauber zurückgelassen werden sollten. Die Abgeschiedenheit dieses Gebietes erlaubte es vielen Tier- und Pflanzenspezies, sich ungestört und in alle möglichen Richtungen zu entwickeln. Hier gibt es seltene Pflanzen wie Wollgräser, Königsfarn und Lungen-Enzian sowie Tiere, die man kaum noch an anderen Orten innerhalb Deutschlands findet, darunter zahlreiche seltene Vogelarten wie den Baumfalken, den Ziegenmelker oder Wachtelkönige.

Witte Venn ist ein einmaliges Naturabenteuer. Hier können selbst erfahrene Outdoorfreunde noch etwas neues entdecken. Je vorsichtiger und ruhiger durch die Gegend spazierst, desto größer ist deine Chance, eine der seltenen Spezies vor die Augen zu bekommen. Und desto mehr kannst du den Frieden, der hier noch herrscht genießen.

ZU FUSS DURCH DIE EIFEL

Die Eifel ist Teil eines grenzüberschreitenden Gebirges zwischen Deutschland und den Benelux-Ländern. Als Eifel wird dabei der deutsche Teil in Rheinland-Pfalz und Nordrhein-Westfalen bezeichnet, der Fortsatz in Belgien und Luxemburg heißt Ardennen.

Dieser Gebirgsteil ist mit Sicherheit einer der schönsten Wanderorte Deutschlands. „Wo Fels und Wasser dich begleiten" – das Motto der Eifel hält, was es verspricht. Eine sagenhafte Landschaft, erschaffen durch Feuer, Wind und Wasser, umrundet den Fernwanderweg, der dich zu Fuß durch die Gegend führt. Während du dich an der Schönheit der hiesigen Natur berauschst, landest du plötzlich in Europas größtem intakten Hochmoor – das Hohe Venn – und durch Nordrhein-Westfalens einzigen Nationalpark. Die Vulkaneifel bringt dir die Geschichte des Gebirges nahe, indem sie von der damaligen Vulkanvergangenheit zeugt und Zwischenstopps in den historisch bedeutsamen Städten Aachen und Trier sind auf deiner Wanderung ebenfalls möglich.

Der Fernwanderweg durch die Eifel beträgt ganze 313 Kilometer und ist in 15 Tagesetappen unterteilt. Die Tagesetappen betragen jeweils zwischen 15 bis 28 Kilometer Länge. Die abwechslungsreiche Gegend, deren beeindruckende Schönheit einem romantischen Roman entspringen könnte, eignet sich also durchaus für längere Wanderausflüge. Wenn du nur einen Tag Zeit hast, kannst du entspannt einer Tagesroute folgen oder auch nur innerhalb weniger Stunden kurze Teiletappen ablaufen. So oder so – diese Gegend wird dich sicherlich nicht unbeeindruckt lassen und für viele Erinnerungen sorgen. Begeisterte Hobbyfotografen sollten die Kamera nicht zuhause lassen, denn die vielseitige Natur der Eifel kann für zahlreiche verschiedene Fotokulissen sorgen. Und die Mischwälder des Nationalparks Eifel bringen die Gelegenheit mit sich, so einige interessante Waldbewohner vor die Linse zu bekommen! Der Fußmarsch durch die Eifel hat es wirklich in sich und ist ein Mikroabenteuer der Extraklasse.

VON MALERISCHEN SEEN ZU HOHEN GIPFELN – WILLKOMMEN IN SÜDDEUTSCHLAND

Tiefe Seen und hohe Berge erwarten den, der sich auf in den Süden Deutschlands macht. Die Südregionen laden zum Wandern und Klettern ein, bieten aber gleichzeitig die Möglichkeit, ruhig am See den Augenblick zu genießen. Die Gegend ist gekennzeichnet von Bergrouten, Tunneln, malerischen kleinen Orten und alten Schlössern. Im Sommer strahlt die Sonne hier mit voller Pracht auf die Bergfronten und im Winter verwandelt sich die Gegend ins Schneeparadies – der Süden hat definitiv einiges zu bieten! Wer ein Mikroabenteuer sucht, ist hier genau richtig.

ALLGÄUER ALPEN – MOUNTAINBIKEN FÜR ANFÄNGER

Wolltest du schon immer mal mit einem Mountainbike durch die Berge cruisen, hast aber noch keinerlei Erfahrung sammeln können? Dann wird es Zeit, damit anzufangen – und wo ginge das besser als in den Allgäuer Alpen?

Auf kilometerlangen Strecken, die für Autofahrer gesperrt sind, finden Mountainbike-Anfänger die perfekten Voraussetzungen für erste Trainingstouren. Die wunderschöne grüne Landschaft der Allgäuer Alpen mit ihrem weiten Blick auf die umliegenden Gipfel und Bergpfade bietet zudem eine wunderschöne Kulisse. Mehrere unterschiedlich schwierige Strecken sind hier mit dem Fahrrad befahrbar und liefern so Anfängern wie auch Fortgeschrittenen Mountainbike-Freunden einen perfekten Ausflugsort. Mit etwas Glück kannst du sogar Steinböcke, Gämsen und Murmeltiere erspähen!

Packe dir genug Proviant und Wasser ein – gerade wenn du noch ungeübt bist, kann es gut sein, dass du zwischendurch eine kleine Pause einlegen möchtest. Die lohnt sich in dieser schönen Umgebung allerdings ohnehin, denn bei all der Aktivität solltest du dir doch die Zeit nehmen, für einen Augenblick der Ruhe einfach nur die Sicht zu genießen!

AUSRUHEN AN MUMMELSEE

Viele süddeutsche Landschaften sind bekannt für ihre ruhigen Seen, die zum Ausruhen, Baden und teilweise auch zum Angeln einladen. Der Mummelsee ist darunter mit Sicherheit einer der schönsten Ausflugziele zum Entspannen und Umherstreifen.

Direkt am Fuß des Hornisgrinde - dem höchsten Berg des Schwarzwaldgebirges - gelegen, lädt der Mummelsee besonders in den Sommermonaten Wanderer und Spaziergänger zu einer Verschnaufpause ein. Zahlreiche Rundwege um den See herum laden zu stundenlangen Wanderungen und entspannten Spaziergängen ein. Die meisten Wege wurden sehr naturnah belassen und die Vegetation zeugt von einer wüsten Ursprünglichkeit. Hier wird sichtbar, wie die heimischen Gräser und Sträucher ohne menschlichen Eingriff wachsen. Ein Stück unberührter Natur mitten in einer sonst oft von Tourismus gekennzeichneten Gegend. Begib dich auf einen Spaziergang oder mach es dir am See gemütlich. Wenn du lieber direkt auf das Wasser möchtest, ist das auch kein Problem, denn auf dem Mummelsee kannst Tretbootfahrend das Wasser überqueren. Für alle Kunstliebhaber ein besonderes Highlight: Der Kunstweg um den See herum, auf dem Werke verschiedener Künstler ausgestellt sind – wie ein Freilicht-Museum. Auch die Gastronomie ist nicht zu gering vertreten, sodass du dich mit Schwarzwald-typischen Spezialitäten versorgen kannst. Oder du bringst dir einfach deinen eigenen Proviant mit!

Wusstest du übrigens, dass der Mummelsee seinen Namen aufgrund der weißen Seerosen, die hier im Volksmund auch „Mummeln" genannt werden, hat?

BLAUES WUNDER – MYTHEN UND LEGENDEN AM BLAUTOPF

Der Blautopf entspringt, wie der Name schon vermuten lässt, dem Fluss Blau und ist die zweitgrößte Karstquelle Deutschlands. Die auffallend blaue Farbe dieser Quelle entsteht durch eine Lichtstreuung an Kalkpartikeln im Wasser. Dieses Aussehen verleiht der Quelle einen besonders mystischen und geheimnisvollen Schein – klar, dass sich um den Blautopf auch zahlreiche Mythen und Legenden ragen.

Der Blautopf liegt am Rand der Schwäbischen Alb und ist mit dem Rad auch über den Donauradweg erreichbar. Aufgrund seines Erscheinungsbildes wurden bislang die kuriosesten Geschichten über die Quelle erzählt, darunter, dass er bodenlos ist, Heimatort einer Nixe darstellt oder seine Farbe durch ein Fass Tinte erhalten hat. Doch es gibt auch kuriose Geschichten, die tatsächlich passiert sind – wie die lauten, erfährst du am besten vor Ort! Wage dich auf ein spannendes Abenteuer, aber lass dich nicht von einer Nixe in die Tiefe locken!

Für das Blautopf-Abenteuer ist keine Ausrüstung notwendig. Du kannst in der Gegend spazieren gehen oder Fahrrad fahren oder einfach nur einen Moment die klare Luft einatmen und dich von der geheimnisvollen Atmosphäre zum Nachdenken anregen lassen. Genieße die Auszeit und den Ausflug in die Natur und tauche in eine andere Welt ein.

BLUMENINSEL MAINAU

Die Insel Mainau ist die drittgrößte Bodenseeinsel. Sie wird von einer geringen Zahl Menschen bewohnt und kann über eine Brücke oder einen Bootsanleger erreicht werden. Den Beinamen Blumeninsel trägt sie aufgrund ihrer üppigen und mediterranen Bewachsung, darunter mehrere Blumenpflanzen und Palmen, die durch das Bodenseeklima begünstigt werden. Ein Highlight ist auch das parkähnliche Arboretum, das bereits ab dem Jahr 1856 angelegt wurde und mittlerweile um die 500 verschiedenen Laub- und Nadelhölzer beinhaltet. Dazu zählen auch einige, die besonders selten und wertvoll sind, wie einige der ältesten Urwaldmammutbäume des deutschen Landes.

Neben der Vegetation ist die Blumeninsel Mainau auch aufgrund ihrer zahlreichen historischen und architektonisch besonderen Bauten besuchenswert. Dazu gehören beispielsweise das Deutschordenschloss, die Schlosskirche und der Gärtnerturm. Zudem gibt es ein faszinierendes Schmetterlingshaus, das ganzjährig geöffnet ist und dich in die vielseitige und spannende Themenwelt der wahrscheinlich schönsten Insekten einführt.

Für eine kleine Seeinsel hat Mainau erstaunlich viel sehenswertes zu bieten. Aufgrund der zahlreichen prächtigen Kulissen heiraten hier übrigens jedes Jahr zahlreiche Paare oder nutzen die schönen Gebäude und Pflanzengegenden als Hochzeitsfotokulisse. Wenn du der Blumeninsel einen Besuch abstatten möchtest, brauchst du nicht viel mitzubringen. Ziehe dich dem Wetter entsprechend an und bringe eventuell Wasser und Snacks mit – doch an gastronomischen Haltepunkten, bei denen du dich versorgen kannst, mangelt es hier auch nicht. Der Ausflug kann sich ganz nach deinem Belieben ziehen. Wer will, kann hier sicherlich einen ganzen Tag umher streifen, aber auch ein kurzer Abendspaziergang über die Brücke ist bereits ein eindrucksvolles Erlebnis.

BURGRUINE RATZENRIED

Entstanden ist die heutige Burgruine vermutlich bereits im 12. Jahrhundert – damals glich sie vermutlich sogar einem Schloss. Längere Zeit lang wurde die Ruine auch Oberes Schloss genannt, da sie heute allerdings nicht mehr als ein verfallene Burg darstellt, gab man ihr die passendere Bezeichnung Burgruine. Sie liegt im Kreis Ravensburg in Baden-Württemberg auf einem vorspringenden Bergsporn.

Von der Ortschaft Ratzenried gibt es einen Wanderweg, der nicht nur zur Burgruine, sondern auch in den Wald und zu einem kleinen Weiher führt. Der Weg ist etwa 2,5 Kilometer lang und nimmt dich mit auf eine kurze Reise durch die schöne Natur Baden-Württembergs. Trotz des deutlich erkennbaren Ruinenstands gibt es mehrere Stellen der Burg, die sehr gut erhalten sind, darunter zwei große Rundtürme und einige der Außenmauern. Der Ausflug lädt dich nicht nur zum Entspannen und Erholen in der Natur ein, sondern vermittelt dir auch ein eindrucksvolles Stück lokaler Geschichte! Nimm dir ausreichend Zeit mit, um jeden versteckten Winkel der Ruine zu erkunden – hier gibt es viele geheimnisvolle Stellen zu entdecken!

CANYONING IM ALLGÄU

Canyoning – im Deutschen auch Schluchteln oder Schluchtwandern genannt – bezeichnet das Begehen einer Schlucht von oben nach unten. Dabei werden die unterschiedlichsten Aktivitäten vorgenommen: Klettern, Abseilen, Rutschen und Springen sowie an einigen Orten sogar Schwimmen und Tauchen. Dieser Abenteuersport verbindet körperliche und intensive Bewegung mit einem spannenden Naturerlebnis, umwerfenden Aussichten und dem Entdecken allerlei spannender Pflanzen, Tiere, Höhlen und sonstigen Ecken. Dazu kommt ein ordentlicher Adrenalinkick und eine neue Herausforderung für den Geist! Denn das Canyoning kann dich durchaus vor kurze Schreckensmomente stellen. Es geht also auch darum, über deinen eigenen Schatten zu springen und dich (sprich)wörtlich ins Abenteuer zu stürzen!

Im Allgäu findest du für dieses Mikroabenteuer die idealen Bedingungen. Hier gibt es bergige Landschaften, zahlreiche Schluchten, sprudelnde und ruhige Gewässer und eine Naturvielfalt, deren Anblick alleine schon Auszeichnung genug für das Durchstehen dieser Herausforderung ist! Angeboten werden geführte Touren unter professioneller Begleitung, bei denen du natürlich entsprechend ausgerüstet wirst. So können auch Anfänger das Erlebnis wagen! Ein wenig sportliche Fitness gehört natürlich dazu, ansonsten brauchst du dir aber keine Sorgen zu machen.

DER OCHSENKOPF – SCHNEESTAPFEN IM BAYERISCHEN SIBIRIEN

Hoher Schnee, so weit das Auge reicht, und klirrende Kälte – das Bayerische Sibirien trägt seinen Beinamen zurecht. Der Ochsenkopf liegt inmitten des Fichtelgebirges und ist dessen zweithöchster Gipfel. Stolze 1024 Höhenmeter erreicht er und liefert oben angekommen einen märchenhaften Ausblick auf die dunklen Nadelwälder, die zahlreichen Wanderwege und die kleineren Berggipfel in der Ferne.

Die Hochlage des Fichtelgebirges, das zur Region Hochfranken gehört, wird von einem stark kontinentalen Klima beeinflusst, das mit sehr kalten Wintern einhergeht, eine kurze, aber warme Sommerperiode hat, und vor allem aufgrund seiner Landschaft und der Kältezonen im Volksmund seit langem den Beinamen „Bayerisches Sibirien" trägt. Wanderungen bringen dich hier auch in wärmeren Monaten zu schneebedeckten Gipfel. Winterwanderungen, die du nur mit entsprechender Ausrüstung vornehmen solltest, bringen dich wiederum auf einen Ausflug, der dich tatsächlich erahnen lässt, wie sich ein Schneespaziergang in Sibirien anfühlen muss. Du solltest dich auf jeden Fall für längere Strecken ausrüsten und für kalte Stunden – auch wenn du einen heißen Sommertag erwischt, wird es auf der Spitze des Ochsenkopfs deutlich kühler sein!

DER STAUBFALL AN DER DEUTSCH-ÖSTERREICHISCHEN GRENZE

Die Wanderung zum Staubfall beginnt in der bayrischen Region Chiemgau und verläuft, stetig leicht ansteigend, entlang des Fischbachs. Hier geht es zur deutsch-österreichischen Grenze Richtung Heutal. In einer Scharte zwischen Dürrnbachhorn und Sonntagshorn findest du ihn: Den 200

Meter sturzhohen Wasserfall, mitten in der wilden Gebirgslandschaft dieser Gegend. Ein romantischer und abenteuerlicher Anblick zugleich.

Die Wanderung zum Staubfall kann auch von nur mittelmäßig geübten Wanderern gemeistert werden, denn die Wege der Chiemgauer Alpen sind hier gut gesichert und es gibt keine schwierigen Kletterpfade. Auf der Wanderung zum Wasserfall erreichst du eine maximal Höhe von 959 Metern. Das Wandererlebnis führt durch einmalige Naturgegenden, denn viele der Orte sind noch sehr ursprünglichen Aussehens. Grenzwanderungen haben außerdem immer wieder einen magischen Flair, indem sie dich wörtlich an zwei Orten gleichzeitig sein lassen – mit einem Fuß auf der einen und dem zweiten Fuß auf der anderen Seite.

DIE BURG MEERSBURG – EIN TRAUMHAFTER AUSBLICK

Hoch über dem Bodensee in der heimeligen Kleinstadt Meersburg erhebt sich eine Burg, die es geschafft hat, an einem unscheinbaren Ort zu einem Wahrzeichen der gesamten Region zu werden: Die Meersburg. Ihre markanten Außenwände, deren erste Fassaden bereits im 7. Jahrhundert entstanden sein sollen, verleiht ihr ein erhabenes Ansehen und zieht Besucher von nah und fern an. Aufgrund dieses Aussehens wird die Burg auch gerne als „Alte Burg" oder sogar als „Altes Schloss" bezeichnet. Von den ersten Fassaden längst vergangener Tagen ist heute nicht mehr viel zu sehen, sie sorgen aber dafür, dass sie auch heute noch zu den ältesten bewohnten Burgen Deutschlands gehört. Der Öffentlichkeit zugänglich gemacht wurde sie gegen Ende des 19. Jahrhunderts und beinhaltet heute auch ein Museum und über 30 verschiedene eingerichtete Räume, die eine Reise zurück ins Mittelalter wahr werden lassen. Wandere durch den erhabenen Rittersaal und die prachtvolle Waffenhalle, grusele dich in der Folterkammer und im Burgverlies und bestaune den Palas, die Burgküche und viele andere Räumlichkeiten. Zudem erhältst du einen traumhaften Blick auf den Bodensee. Ein echtes Abenteuer in der Kleinstadt, nicht nur für Geschichtsliebhaber.

DIE WALHALLA BEI REGENSBURG

Die Walhalla bei Regensburg trägt ihren Namen nach der Halle für Gefallene aus der nordischen Mythologie: Walhall. Und entsprechend ist dieser

Ort auch gestaltet – als Gedenkstätte für bedeutende Persönlichkeiten „teutscher Zunge", wie es im Jahr 1842, zu ihrer Errichtung, hieß.

Die Walhalla liefert bereits von außen mit ihren weißen Mauern und hohen Säulen einen imposanten Eindruck. Sie beinhaltet zahlreiche Marmorstatuen und Gedenktafeln zu Ehren der Verstorbenen und damit eine ebenso beeindruckende Innenansicht wie Außenansicht. Erbaut wurde sie ursprünglich auf Veranlassung des damaligen bayrischen Königs Ludwig I. Heute umfasst ihre Sammlung stolze 131 Büsten und 65 Gedenktafeln zur Ehrung von Persönlichkeiten wie Albrecht Dürer, Moritz von Sachsen, Maria Theresia, Wolfgang Amadeus Mozart, Joseph Haydn, Heinrich Heine, Käthe Kollwitz und Sophie Scholl. Sie beinhaltet damit ein weit gefasstes Stück Geschichte.

Unterhalb der Hauptsäule befindet sich ein Rohbau, der ursprünglich zur „Halle der Erwartung" werden sollte. Diese Halle sollte noch lebende Personen ehren, die dann nach ihrem Tod – als Büste oder Gedenktafel – symbolisch nach oben wandern sollten (wie die Wanderung von der Erde zum Himmel). Aufgrund politischer Bedenken wurde diese Halle aber nie fertig gestellt. Der Blick auf den Eingang zum Unterbau zeugt jedoch von der damaligen Entwicklung. Die Walhalla nimmt dich auf jeden Fall mit auf eine spannende Reise durch die Zeit.

ELLBACHSEE AUSSICHTSPLATTFORM

Im schönen Baden-Württemberg, mitten im nördlichen Schwarzwald, liegt der Karsee mit dem Namen Ellbachsee. Entstanden ist der See, wie alle Karseen, durch einen Gletscher. Zurückzuführen ist diese Bildung auf die Würm-Kaltzeit, die letzte alpine Eiszeit.

Der Ellbachsee ist ein kleines Naturidyll. Zusammen mit seiner ursprünglichen naturbelassenen Umgebung gilt er auch als flächenhaftes Naturdenkmal. Ganze 7,1 Hektar beträgt dieses und ist aufgrund der Moorlandschaft Heimat für verschiedene Tier- und Pflanzenarten, darunter einige seltene und geschützte Arten. Aufgrund der starken Trittempfindlichkeit dieses Untergrundes sollte das Betreten dieser Flächen vermieden werden, da der natürliche Lebensraum der Flora und Fauna ansonsten schnell zerstört wird. Der See hat heute kaum noch Tiefe und wird sich sehr wahrscheinlich in den nächsten

Jahrzehnten langsam, aber stetig zu einem Hochmoor entwickeln. Die atemberaubende Schönheit dieser Natur kannst du am besten von der neu erbauten Aussichtsplattform bestaunen. Die Plattform ist barrierefrei und bietet somit auch Rollstühlen und Kinderwagen Zugänglichkeit. Sie lohnt den Aufstieg mit einem Panoramablick über die ganze Gegend, den du so schnell nicht wieder vergessen wirst!

ERLEBNISWALD MAINAU – KLETTERSPASS FÜR JEDEN

Kletterfreunde jeden Alters werden im Erlebniswald Mainau den idealen Ausflugsort für ein Mikroabenteuer finden. Hier geht es mit eigener Kraft und Geschicklichkeit hoch hinaus!

Der Erlebniswald ist voll von Kletterherausforderungen, die dafür sorgen, dass du dich zwischen den Bäumen so richtig austoben kannst. Die größte Herausforderung ist dabei meistens mental: Schaffst du es, die Höhenangst zu überwinden und auch größere Lücken zwischen wackeligen Brettern zu überqueren? Angst vor dem Fall brauchst du nicht zu haben, denn jeder Kletterfreund wird mit Sicherheitsgurten abgesichert. Dazu gibt es eine kleine Einführung zum Beginn des Abenteuers und professionelles Personal wird stets vor Ort sein. Du brauchst dir also keine Sorgen zu machen. Um einen Partnercheck durchführen zu können, ist es allerdings Voraussetzung, dass mindestens zu zweit geklettert wird. Außerdem ist der Kletterspaß für alle Kinder unter 10 Jahren und jeden unter einer Körpergröße von 1,40 m nicht geeignet. Die Mindestgröße ist wichtig, um wirklich alle Kletterübungen durchführen und jedes Brett erreichen zu können. Erfüllst du diese Voraussetzungen, kann es losgehen! Sei sportlich aktiv und lerne den Wald gleichzeitig aus höchster Höhe kennen! Ein wahres Abenteuer direkt um die Ecke.

GLAMPING – PANORAMABLICK AUF DEM SOMMERBERG

Glamping ist ein Akronym, das sich aus den Worten „Glamour" und „Camping" bildet, bzw. kurz für Glamorous Camping steht. Auf dem Sommerberg in Bad Wildbach, Baden-Württemberg, ist dieses Übernachtungsabenteuer möglich. In kleinen würfelförmigen weißen

Unterkünften ist Platz für 2 bis 3 Personen und du bekommst die Chance, ohne eigenes Zelt und in einem ordentlichen Bett, aber mitten auf dem Berg zu schlafen. Wie Camping eben, nur etwas glamouröser. Bei Ankunft erhältst du von einem Host einen Schlüssel und eine kurze Einweisung sowie eine kleine Chillbox, die mit Snacks und Getränken gefüllt ist. Da die Unterkünfte in der Natur liegen, sind offene Feuer rundherum nicht gestattet und fließendes Wasser oder Strom gibt es auch nicht. Ein wenig Abenteurergeist soll schließlich noch erhalten werden. Toiletten sind wenige Meter entfernt bei der Bergbahnstation zu finden. Für Verpflegung kannst du dir entweder deinen eigenen Rucksack mitbringen, ein Frühstück oder einen Picknickrucksack buchen oder zum Hotel Auerhahn gehen, das sich direkt an der Bergbahn befindet.

Die Nacht in einem solchen Zeltwürfel kann ein besonders spannendes Erlebnis sein – du siehst noch, wie die Welt auf dem Berg einschläft, und kannst sie bei Sonnenaufgang wieder begrüßen. Tagsüber können die Bergbahntouristen den Frieden ein wenig unterbrechen – so ein Zeltwürfel kann natürlich auch Blicke auf sich ziehen. Sobald sich nicht mehr so viele Besucher an der Bahn tummeln, hast du das Bergidyll aber für dich alleine und kannst endlich eins mit der Berglandschaft werden. Um dich herum für einige Stunden lang nur Natur und Frieden – so lässt es sich aushalten. Sonnenaufgang mit Panoramablick und ein Nachthimmel, der nicht nur Sterne, sondern auch die weit entfernten Schatten der Tannenwälder zeigt, belohnen jeden, der sich auf das Mikroabenteuer einlässt. Die Unterkünfte sind übrigens so konstruiert, dass sie auch stärkeren Regen aushalten, sodass du dir auch bei Wetterumschwung keine Sorgen machen musst.

GLEITSCHIRMFLIEGEN VOM TEGELBERG

Mit einem Gleitschirm aus höchster Höhe davonsegeln und sacht im Tal zur Landung ansetzen – das klingt für viele wie ein kleiner Traum. Am Tegelberg in den Ammergauer Alpen in Bayern kannst du dieses Abenteuererlebnis wagen!

Hier gibt es für jeden, der sich auf ein einmaliges Flugerlebnis einlassen möchte, sogenannte Tandemflüge, bei denen du mit einem professionellen Gleitschirmpiloten gemeinsam segelst. Du brauchst keinerlei Vorkenntnisse und kriegst vor Ort alles Notwendige erklärt. Den eigentlichen Flug steuert sowieso der Pilot. Für jeden, der nach einem solchen Highlight nicht genug von den sanften Flugmethoden kriegen kann, gibt es auf dem Tegelberg auch Schulen, die Gleitschirmkurse anbieten. Vielleicht wird aus dir ja der nächste Tandempilot?

Der Blick vom Tegelberg aus könnte kaum imposanter sein – die malerische Gegend der Ammergauer Alpen lässt Blicke auf grün bewachsene Berge, schneeweiße Gipfel und tiefblaue Seen zu, die zum Träumen einladen. Dazu das Gefühl des gleichmäßigen Fliegens und du erlebst ein Abenteuer, das einem Film entsprungen sein könnte! Auch die Wanderung zum Tegelberg ist übrigens besonders schön, denn die zahlreichen Pfade bringen dich hautnah vorbei an all den schönen Orten, die du vom Flug aus durch die Vogelperspektive betrachten kannst. Besonders schöne Ausblicke bietet der Panoramaweg Königsrunde.

Neben dem Gleitschirmfliegen kannst du am Tegelberg auch einen Drachenflug wahrnehmen – ein ebenso schönes Erlebnis mit einem extra Adrenalinkick! Der Tegelberg ist außerdem mit der Tegelbergbahn erreichbar. Den Abend lässt du nach all den Aktivitäten am besten in einem der vielseitigen Biergärten ausklingen.

IGLU-ABENTEUER IM ALLGÄU

Wer hat nicht als Kind davon geträumt, ein richtiges Iglu zu bauen und darin zu schlafen, wie die echten Abenteurer in fernen Kälteregionen? Im Allgäu kann der Iglu-Traum nun wahr werden!

Die Iglu-Touren nehmen dich mit auf Wanderungen durch die Eis- und Schneelandschaft, bringen dir die Wissenschaft des Iglubauens nahe und laden sogar dazu ein, selbst ein Iglu zu erstellen! Schneespaß und Abenteuerreichtum garantiert!

Das Highlight: Es werden sogar Übernachtungen in Iglus angeboten – luxuriös in echten Betten, die dich über Nacht kuschelig warm halten, und doch mitten in der Schnee- und Eislandschaft auf imposanten 2.000 Metern Seehöhe! Ein faszinierendes Erlebnis, das du so schnell nirgendwo anders findest.

KAJAKFAHRTEN AUF DEM NECKAR

Kajakfahrten sind nicht nur auf den vielseitigen Gewässern der Mecklenburgischen Seenplatte möglich – auch im Süden Deutschlands kannst du dieses Abenteuer wahr werden lassen. Das perfekte Ziel dafür ist der Neckar!

Die schöne Neckarlandschaft erstreckt sich am Ufer des Flusses auf einer Länge von stolzen 362 Kilometern. Sie zieht durch den Schwarzwald, an der Schwäbischen Alb vorbei, durch zahlreiche Städte wie Heidelberg, Heilbronn und Stuttgart und mündet in die Rhein. Klar, dass sich auf dieser Länge zahlreiche verschiedene Landschaftsbilder ergeben. Von Flussabzweigungen, bergigen Landschaften, Weingebieten, landwirtschaftlicher Nutzung, Stadtgebieten und naturbelassenen Grünflächen ist alles dabei! Eine Kajakfahrt kann dich an viele interessante Orte bringen und dir die verschiedensten Flussgebiete Süddeutschlands zeigen. Viele Orte bieten Wassererkundungen auf dem Neckar an, darunter nicht nur Kajakfahrten, sondern auch Kanutouren und andere Fortbewegungsmittel. Die Wahl bleibt ganz dir überlassen. Etwas spritzigere Wasserstellen, die mit dem Kajak besonders viel Freude bereiten, findest du vor allem am Oberen Neckar oberhalb von Tübingen.

KRISTALLKLARES WASSER IM EIBSEE

Der Eibsee ist vor allem für eines bekannt: Sein unwahrscheinlich kristallklares Wasser. Dieser Anblick ist nicht für Fotografen ein magisches Erlebnis, sondern zieht jeden an, der einen Blick auf heimische Idylle werfen möchte.

Der Eibsee liegt unterhalb der Zugspitze – wer hier her wandert, erhält damit nicht nur einen magischen Blick auf das kristallklare Wasser, sondern auch auf das Massiv der Zugspitze im Hintergrund. Ein wahrlich beeindruckender Anblick. Die Berglandschaft bietet ein Idyll der besonderen Klasse. Dazu kommt, dass die Wasserqualität für einen Badesee herausstechend gut ist. Mehrere Wander- und Rundwege führen am See vorbei, umrunden ihn ganz oder bieten trotz ein wenig Distanz einen malerischen Blick auf ihn. Das macht die ganze Gegend zu einem traumhaften Ausflugsziel, egal ob dir mehr nach Wandern und Wasseraktivität zumute ist oder ob du dich einfach nur entspannen und an dem friedlichen Anblick des Sees erfreuen möchtest.

Wenn du zum See wandern möchtest, solltest du dich entsprechend mit den richtigen Klamotten und Proviant ausrüsten. Und vergiss die Badesachen nicht! Außerdem befindet sich am Seeufer die Seilbahn zur Zugspitze – wenn du dich dorthin aufmachen möchtest, solltest du deine Jacke auch an warmen Tagen nicht zuhause lassen, denn auf dieser mächtigen Höhe ist es auch an warmen Tagen schnell kalt.

LITERARISCHER SPAZIERGANG IN BAMBERG

Mit den bedeutsamen Worten „Meine Lehr- und Marterjahre sind nun in Bamberg abgebüßt" verließ der Schriftsteller und Komponist E. T. A. Hoffmann im Jahr 1813 die süddeutsche Stadt nach wenigen Jahren Aufenthalt. Seine Zeit hier schien mehr als glücklos zu sein und doch prägten diese markanten Jahre sein Schaffen ungemein. Viele seiner Werke wurden eindeutig von der Bamberger Umgebung und kleineren Ortschaften inspiriert. Die Musikschülerin, in die er hoffnungslos verliebt war, wurde Vorlage für mehrere seiner berühmtesten Frauengestalten und sogar einen seiner hier kennengelernten Freunde, den damaligen Leiter der Bamberger Nervenklinik, verewigte er in seinem Schaffen. Klar also, dass es in Bamberg auch heute noch Gelegenheit geben sollte, auf den Spuren dieses Künstlers zu wandeln – und die findest du hier zu Genüge! Neben Rundführungen und Reiseführern, die den Schriftsteller zum Thema haben und dich gezielt von einem Ort zum nächsten bringen, kannst du dich auch auf eigene Faust aufmachen und die Flecke ablaufen, die aus seinen Werken bekannt sind. Dazu gehören beispielsweise das sogenannte Apfelweib, ein Türknauf mit dem Abbild eines rundlichen und grinsenden Gesichts – in Hoffmans Werk die Fratze einer Hexe! Oder der Ort, am dem er dem sprechenden Hund Berganza begegnete – errätst du, wo das war? Dein literarischer Spaziergang kann dich stundenlang durch die Gegend bringen und ist für Literaturliebhaber ein wahres Erlebnis.

MÄRCHENWELTEN IN SCHWANGAU

Schwangau in Bayern ist einer der Orte, die dich innerhalb weniger Augenblick in eine traumhafte Märchenwelt transportieren, die deine kühnsten Kinderträume wahr werden zu lassen scheinen und Bayern in einem völlig neuen Licht erscheinen lassen.

Allen voran ist Schloss Neuschwanstein das Highlight der Gegend. Es gilt nicht nur als Symbol für diese Region, sondern diente aufgrund seines märchenhaften Aussehens auch zahlreichen Filmen und Fantasieschlössern, darunter mehreren Disneyschlössern, als Vorbild. Erbauen ließ es König Ludwig II., damals weniger zu Repräsentationszwecken, sondern vor allem als seinen privaten Rückzugsort. Allerdings starb der König noch vor der Vollendung der Bauarbeiten. Das Schloss Neuschwanstein wurde daraufhin bereits kurz nach seinem Tod für Besucher geöffnet und ist auch heute noch ein Besuchermagnet. Die Innenräume liefern einen prächtigen Anblick in die reichtümliche Welt der damaligen Monarchen und mehrere märchenhafte Wander- und Aussichtswege führen zum Schloss hin und um das Schloss herum. Auch von der Ferne aus bietet das Schloss einen magischen Anblick und ein wundersames Fotomotiv. Zudem erhältst du durch die Wanderpfade fantastische Aussichten auf die umliegenden Gebirge, Felder und Wiesen und kannst so richtig Ruhe und Frischluft aufsaugen.

Schwangau hat eine ganze Vielfalt solcher Märchenpfade und -schlösser zu bieten. Neben dem Schloss Neuschwanstein sind auch die Schlösser Hohenschwangau und Bullachberg schöne Ausflugsziele, die dich zu einem Märchenabenteuer der Extraklasse einladen.

MIT DEM MOUNTAINBIKE UM DAS WETTERSTEINGEBIRGE

Das Wettersteingebirge ist der ideale Ort für alle begeisterten Mountainbiker, Wanderer und Kletterer! Es gehört zu den Ostalpen und beinhaltet mit der Zugspitze den höchsten Berg Deutschlands – mit stolzen 2962 Meter ragt er zwischen den anderen Gipfeln empor. Insgesamt hat das Wettersteingebirge ganze 150 (benannte) Gipfel zu bieten und zahlreiche Wanderwege und Bikerouten. Die Fauna des Gebiets ist für Deutschland einzigartig, da die Kombination aus Felsregionen und Almen selten ist und gleichzeitig eine Heimat für eine Reihe von Bergbewohnern wie Gämsen und Steinadlern darstellt. Ein Ausflug ins Wettersteingebirge lohnt sich also nicht nur für begeisterte Adrenalinjunkies, sondern auch für alle Naturliebhaber.

Die Umrundung der Zugspitze mit dem Mountainbike ist für

Fahrradfreunde ein ganz besonderes Vergnügen. Diese Strecke bietet so viel Abwechslung, wie man sich als Mountainbiker nur wünschen kann: Steile Passagen und Fälle, schmale und schwierig zu passierende Wege, steinige Untergründe und dazu die Aussicht auf türkisblaue Seen, ferne Gipfel und Almhütten und mit etwas Glück auch auf ein paar grasende Tiere. Die Strecke beginnt zwar eher gemütlich, ist insgesamt aber eher für diejenigen geeignet, die schon ein wenig Mountainbikeerfahrung haben, denn sie kann an vielen Stellen – gerade in größerer Höhe – durchaus anspruchsvoll und anstrengend werden. Wenn du es aber bis zum Ende geschafft hast, hast du ein einmaliges Abenteuer erlebt. Das Almhüttenessen und -bier schmeckt danach ganz besonders gut!

WALCHENSEE – DIE BAYRISCHE KARIBIK

Der Walchensee wird aufgrund seines besonders schönen Aussehens und des türkis-blauen Wassers als einziger See gerne als bayrische Karibik bezeichnet. Besonders intensiv schimmert das Wasser aus der Ferne, daher ist allein der Spaziergang oder die Wanderung dorthin schon ein märchenhaftes Erlebnis mit Südseeflair!

Raue Kieselstrände sorgen dafür, dass der Walchensee noch recht unberührt wirkt. Er gilt zwar als einer der schönsten Seen Bayerns, ist aber auch im Sommer lange nicht so touristenüberlaufen wie beispielsweise der größere Chiemsee. Daher findest du hier mit Sicherheit ein ruhiges Fleckchen. Der See kann zu Fuß oder mit Fahrrad ganz umrundet werden, und da er an den meisten Stellen unbebaut blieb, kannst du im Grunde an jeder beliebigen Stelle Halt machen und ins frische Wasser springen. Sonnenbaden kannst du am besten an den Stränden des kleinen Ortes Einsiedl. Da der Walchensee von den Hügeln der Voralpen umrundet ist, wirkt er nicht nur besonders idyllisch, sondern lädt auch zu weiteren Wanderungen in der unmittelbaren Umgebung ein.

Der See ist der ideale Ausflug für einen entspannten Nachmittag. Das kristallklare Wasser ist auf jeden Fall auch eine magische Fotokulisse, also vergiss deine Kamera nicht, wenn du dich auf den Weg machst. Sofern es draußen warm genug ist, kannst du hier gut und gerne einen ganzen Tag verbringen, spazieren gehen und dich mit Blick auf das Türkis einfach ausruhen und gehen lassen. Nimm dein Lieblingsbuch mit und träume dich aus dem Alltag weg.

NATIONALPARK BAYRISCHER WALD

Der Nationalpark Bayrischer Wald bietet alles, was das Naturfreund-Herz wüschen kann: Unberührte Landschaften, wilde Tiere und friedliche Bäche, die zum Träumen einladen. Der Nationalpark ist Deutschlands erster Nationalpark und bereits über 50 Jahre alt.

Neben freien Naturlandschaften und Wiesenflächen gibt es hier sogar ein Tierfreigelände, auf dem wilde Waldbewohner wie Luchse, Elche und sogar Braunbären und Wölfe beobachtet werden können. Die Gehege sind großflächig und so natürlich wie möglich gehalten, um die Arten zu schützen. Durch das Wildschweingehe kannst du sogar direkt durchwandern und sie aus nächster Nähe beobachten. Doch da Wildschweine nicht unbedingt immer als die freundlichsten und zutraulichsten Tiere gelten, gibt es für alle, die lieber aus der Ferne staunen möchten, auch einen Umweg. Insgesamt können um die 40 verschiedenen Tierarten beobachtet werden. Viele Zwischenstationen laden zum interaktiven Vergnügen wie Klettern ein und auch neue Baumarten können hier entdeckt werden. Der Nationalpark verbindet Abenteuergeist und Wissensvermittlung auf spielerische Weise. Besucherwege, die auch Kinderwagen und Rollstühlen den Zugang ermöglichen, sind zahlreich vorhanden und an der Leine dürfen auch Hunde mitgebracht werden – in die meisten Gehege dürfen sie allerdings nicht hinein, um die Tiere nicht zu verschrecken. Das Beste am Park: Die Gehege werden zwar nachts geschlossen, doch die Besucherwege können zu jeder Tages- und Nachtzeit begangen werden. So kannst du auch zu den besten Beobachtungszeiten – am frühen Morgen oder zur Abenddämmerung – versuchen, einen Blick auf die wilden Tiere zu erhaschen (viele von ihnen sind dämmerungsaktiv). Erlebe einen Abenteuerspaziergang, den du so schnell nicht vergisst!

NATURPARK OBERE DONAU

Auf fast 1.500 Quadratkilometern erstreckt sich der Naturpark Obere Donau entlang des Durchbruchtals der Donau. Auch der Albtrauf der Schwäbischen Alb und die Albhochfläche auf dem Großen Heuberg gehören zu diesem Gebiet dazu. Tiefe Jura-Kalksteintäler machen diese Gegend zu einem besonders beeindruckendem Erlebnis, aber auch die restliche Naturvielfalt bietet einen bestechend schönen Anblick.

Der Naturpark ist zu einem Teil durch landwirtschaftliche Nutzung und Grünland geprägt, zu einem anderen Teil vorwiegend bewaldet. Zahlreiche Wacholdergegenden und Heckensträucher machen das allgemeine Landschaftsbild aus. Die abwechslungsreichen Gegenden machen den Park zu einem vielseitigen Erlebnis und bieten allerlei heimischen Pflanzen und Tiere zum Entdecken. Mehrere Schutzgebiete erstrecken sich über die Gesamtheit des Parks – insgesamt mehr als 35 % der Gesamtfläche. Neben Landschaftsschutzgebieten gehören dazu u. a. auch mehrere Naturdenkmäler, Biotope und Vogelschutzgebiete.

Im Naturpark Obere Donau kannst du stundenlang umherwandern und entspannen. Zahlreiche Wanderwege führen dich durch die verschiedenen Gebiete und viele Aussichtsplattformen laden zum Ruhen und Picknicken ein. Ein besonderes Highlight ist der Luchs-Infopoint. Hier wird über die ehemals heimische Großkatze berichtet und alles Wissenswerte zu ihrer Geschichte und Vertreibung auf deutschem Raum nahegebracht. Während die Großkatze früher natürlicherweise zu Baden-Württemberg dazugehörte, verschwand sie aus dem Oberen Donautal vor etwa 170 Jahren. Erstmals wurde ein Rückkehrer wieder im Jahr 2005 gesehen. Seit dem Jahr 2015 wurden mehrere Luchse nachgewiesen. Zwei Männchen, die auf die Namen Friedl und Tello getauft wurden, konnten über einen längeren Zeitraum verfolgt werden. Die Naturgebiete hier bieten dem Luchs den idealen Lebensraum. Um die Luchsrückkehr zu unterstützen und die Natur zu schützen, sollten Luchssichtungen unbedingt gemeldet werden. Wer weiß, vielleicht begegnet dir ja sogar einer auf deiner Wanderung? Du bräuchtest allerdings eine große Portion Glück, denn die Großkatzen sind extrem scheu.

Ob mit oder ohne Luchssichtung, fest steht, dass der Naturpark Obere Donau ein sehenswerter Naturraum ist und ideal geeignet für ein kleines Mikroabenteuer am Wochenende.

NEBELSCHWADEN AM WINDGFÄLLWEIHER

Tiefe und gleichmäßige Nebelschwaden zieren den Windgfällweiher so häufig, dass sein Anblick fast immer einem Märchenbild gleicht. Dieser Stausee liegt in einer Mulde, die durch eiszeitliche Gletscher entstanden ist, mitten im Hochschwarzwald.

Was den Windgfällweiher so besonders macht, ist seine idyllische Lage abseits der sonstigen Touristenmassen – und natürlich die zahlreichen Nebenschwaden, die ihn in ein mysteriöses Licht tauchen. Dazu kommen dunkle Bäume, die den See umgeben und so einiges im Verborgenen lassen. Diesen Weiher umgibt stets etwas Magisches und Ruhe und Einsamkeit des Ortes unterstreichen die geheimnisvolle Atmosphäre. Denn obwohl der See in seiner Schönheit anderen Seen und Naturplätzen der Gegend in nichts nachsteht, ist er noch längst nicht so touristisch überlaufen wie viele andere Orte. Hier bietet sich für jeden die realistische Chance auf ein wenig Ruhe und Einsamkeit. Bonus: An nebligen und kühleren Tagen sieht der See nicht nur besonders schön aus, sondern bietet sogar noch mehr Hoffnung auf einsame Stunden der Stille!

PFADE DER STILLE

Wer richtig Ruhe und Tiefenentspannung sucht, sollte einen Abstecher zu den Pfaden der Stille wagen – der Name verspricht nicht zu viel! Sie liegen im Hohenloher Jagsttal im Nordosten von Baden-Württemberg. Sie führen dich durch mittelalterliche Dörfer und Städte, durch ländliche Gegenden, vorbei an Schlössern, Mühlen und Streuobstwiesen, und bieten eine großartige Gelegenheit, ein wenig Einsamkeit zu genießen. Aufgrund der stillen ländlichen Natur kommt es hier kaum zu Störungen von außen und du kannst einmal so richtig in dich gehen und den leisen Geräuschen der raschelnden Zweige, des Windes in den Blättern und der summenden Insekten lauschen. Mit etwas Glück siehst du sogar ein paar interessante Tierarten wie den heute gefährdeten Rotmilan.

Ganze 16 Pfade der Stille gibt es hier. Sie sollen einen inspirierenden Ort darstellen, der Wanderer wieder zur unberührten Natur führt und deren unübertroffene Schönheit ins Gedächtnis rufen soll. Unterstützt wird das durch zahlreiche spirituelle Orte und Denkmäler. Du wirst kaum einen anderen Ort finden, der so viel Besinnlichkeit ausstrahlt wie dieser.

SCHLOSS LICHTENSTEIN AUF DER SCHWÄBISCHEN ALB

Wer an Süddeutschland denkt, denkt neben Bergen und Seen auch an eines: Märchenhafte Schlösser. Schloss Lichtenstein auf der Schwäbischen Alb ist eines der Schlösser und verspricht dem Besucher ein märchengleiches Erlebnis. Es liegt direkt am Albtrauf, dem nordwestlichsten Steilabfall der Schwäbischen Alb. Hier ist nicht nur der Anblick des Schlosses selbst märchenhaft, sondern auch der Blick auf die umliegenden Berge und Wälder.

Das Schloss Lichtenstein wurde in den Jahren 1840 bis 1842 erbaut. In früheren Zeiten standen an dieser Stelle bereits andere Burgen und Festungen, die jedoch durch Angriffe und Verfall zerstört wurden. Das heutige Schloss wurde im historistischen Stil erbaut und kann bei einer Führung durch die Innenräume besichtigt werden. Wenn du auf Führungen lieber verzichtest, kannst du immer noch die Außenanlage besuchen und dir dort einen Blick über die damalige Zeit verschaffen. Ein kleines Highlight dieses Schlosses ist der Kanonenhof, der über den Schlosspark besucht werden kann. Dieser ist nicht nur in seiner Bauart besonders prägnant, sondern beinhaltet auch historische Artilleriegeschosse. Das Schloss Lichtenstein wird nicht umsonst auch als das Märchenschloss Baden-Württembergs bezeichnet. Sein Anblick ist wahrhaftig besonders!

Mehrere Rundwege und Wanderpfade führen zum Schloss Lichtenstein oder in die unmittelbare Umgebung, sodass du von weitem einen Blick auf das Schloss werfen kannst. Diese Wanderungen durch die Schwäbische Alb führen vorbei an mystischen Höhlen, tiefen Tälern, dunklen Wäldern und Aussichtspunkten mit einem beeindruckendem Panoramablick. Du brauchst auf jeden Fall gutes Schuhwerk, jedoch keine Kletterausrüstung, um hier hochzuwandern. Ausreichend Proviant und Wasser solltest du allerdings stets bei dir tragen. Wie fast alle Wanderorte bietet auch die Region der Schwäbischen Alb geführte Touren an. Wenn du dich allerdings lieber auf eigene Faust auf den Weg machst, erhältst du zur Belohnung ein größeres Abenteuergefühl!

SCHNELLENBERGER EISHÖHLE BEI BERCHTESGADEN

Hast du schon mal eine Eishöhle besucht? Wenn nicht, solltest du dieses einmalig magische Erlebnis unbedingt nachholen! Eishöhlen haben etwas mystisches und geheimnisvolles. Sie sind Zeitzeugen und transportieren dich in wenigen Sekunden in eine andere Welt.

Die Schnellenberger Eishöhle ist die einzige erschlossene Eishöhle in ganz Deutschland. Sie befindet sich auf stolzen 1.570 Metern Höhe im Untersbergmassiv und nimmt dich mit auf eine faszinierende Reise durch eisbedeckte Hallen. Insgesamt beträgt die Eisfläche mehr als 60.000 Kubikmeter!

Durch die Eishöhle und zur Höhle hin werden Führungen angeboten, doch die Wanderung zur Höhle kann auch alleine unternommen werden. Voraussetzung ist, dass du gut zu Fuß bist, denn der Untersberg ist nicht für Wanderfänger. Alternativ gibt es auch eine Seilbahn, die dich auf die entsprechende Höhe bringt. Wenn du keine lange Wanderung zur Höhle hin planst, brauchst du im Grunde auch nicht viel mitnehmen – nur für warme Kleidung musst du sorgen, denn die Temperaturen sind so, wie man es sich von einer Eishöhle vorstellt: Maximal plus 1,0 °C darfst du hier erwarten, eher Temperaturen leicht unter null. Vergiss also Handschuhe und Mütze nicht.

SIEBENMÜHLENTAL – RADFAHRTEN UND SPAZIERGÄNGE

Für Radfahrer und Spaziergänger gleichermaßen schön ist das Siebenmühlental in Baden-Württemberg. Dieses Tal trägt seinen Namen zurecht, denn entlang all seiner Wege begegnen dem erkundungsfreudigem Besucher zahlreiche Mühlen – mittlerweile sind es allerdings keine sieben, sondern ganze elf. Von diesen elf Mühlen entspricht aber nur noch die Eselsmühle ihrer ursprünglichen Mahlfunktion. Alle anderen Mühlen sind umgebaut worden und beinhalten heutzutage beispielsweise ein Theater, Gastronomie oder Sägewerke.

Im Siebenmühlental können Spaziergänger und Radfahrer es sich gut gehen lassen – weite Wege, die ohne allzu große Anstrengung befahren oder bewandert werden können, belohnen mit einer imposanten Aussicht auf die umliegenden Berge und Wiesen. Besonders im Sommer ist dies besonders schön, da die weiten Landschaften in strahlendem Grün erscheinen. Mehr als 200 Pflanzenarten sind hier heimisch und mit etwas Glück können 80 verschiedene Vogelarten beobachtet werden. Dazu bietet das Tal auch eine Heimat für zahlreiche Tag- und Nachtfalterarten, darunter einige, die es ansonsten nur noch an wenigen Orten Deutschlands zu finden gibt. Aufgrund dieser einmaligen Natur und Artenvielfalt zählt das Siebenmühlental heute auch als Naturschutzgebiet. Naturfreunde werden einen Ausflug in dieses kleine Paradies also mit Sicherheit zu schätzen wissen.

Egal, ob du lieber zu Fuß oder mit dem Fahrrad unterwegs bist, im Siebenmühlental kannst du gut und gerne einen ganzen Nachmittag verbringen. Gerade an einem sonnigen und warmen Tag kannst du dich an den Hängen ausruhen und einen Snack verzehren, bevor es weiter auf Erkundungstour geht. Genieße die Ruhe und historisch-kulturell wertvollen Ecken (an denen du die alten Mühlengebäude bestaunen kannst) und erlebe einen der friedvollsten Orte Baden-Württembergs.

STAND-UP-PADDLING IN TÜBINGEN

Stand-Up-Paddling, kurz auch SUP genannt, ist eine ungewöhnliche und spannende Möglichkeit, einen Fluss oder See zu überqueren. Dabei stehst du auf einem Surfbrett-ähnlichen Schwimmbrett und bewegst dich ruhig und gemächlich mit einem Paddel fort. SUP-Fahren ist eine spannende und gleichzeitig erholsame Art und Weise, die Gegend zu erkunden – ein wenig Geschick brauchst du am Anfang schon, aber den Dreh wirst du schnell raus haben. Stand-Up-Paddling ist keinesfalls extrem kompliziert!

Tübingen ist nur einer von vielen Orten, an denen du dieses Erlebnis wahr werden lassen kannst. Die schöne Neckar-Landschaft lädt allerdings besonders dazu ein, den Fluss entlang zu paddeln. Der Blick vom Neckar aus lässt die Stadt Tübingen nochmal in einem neuen Licht erscheinen und die ruhige und grüne Flussregion ist besonders in Frühlings- und Sommermonaten ein Vergnügen.

Nimm dir ein bisschen Zeit und erkunde die Tübinger Landschaft von einer ganz neuen Seite! Du kannst längere Fahrten unternehmen und damit ganze lange Nachmittage ausfüllen oder aber kürzere Ausflüge nach Feierabend unternehmen – ganz nach deiner Wahl!

TEUFELSHÖHLE BEI POTTENSTEIN

Die Teufelshöhle bei Pottenstein ist eine Karsthöhle (also eine Höhle, die durch Lösung von Kalkgestein entstanden ist) im Landkreis Bayreuth in Bayern. Die Stadt Pottenstein gehört zur Region Oberfranken. Hier erwartet dich das „Tor zur Unterwelt"!

Die Höhle ist die größte Höhle der Fränkischen Schweiz und eine der beliebtesten Tropfsteinhöhlen in ganz Deutschland. Besonders markant sind das imposante Höhlentor und die zahlreichen Stalagmiten und Stalaktiten. Auf einer Grundfläche von etwa 200 mal 200 Metern erstreckt sich hier ein über drei Stockwerke vielfach verzweigtes Höhlensystem – genau der richtige Ort für Abenteurer.

Für die Teufelshöhle werden viele Führungen angeboten. Denke daran, dass die Temperaturen hier konstant nur bis zu zehn Grad betragen – du solltest dich also auch an einem warmen und sonnigen Tag entsprechend warm anziehen bzw. eine Jacke mitbringen. Auch festes Schuhwerk ist gut für den Besuch der Höhle geeignet (Wanderschuhe sind nicht notwendig, allerdings empfiehlt es sich auch, nicht mit hohen Absätzen oder offenen Schuhen durch die Höhle zu spazieren). Bei den Führungen wird für entsprechende Beleuchtung gesorgt, du musst also keine eigenen Lampen mitbringen. Wenn noch etwas benötigt werden sollte, wird man dir das bei Buchung jedoch nahe legen. Ein Besuch der Teufelshöhle ist auf jeden Fall ein tolles Erlebnis mit besonderer Atmosphäre!

TRIBERGER WASSERFÄLLE

Wasserfälle haben etwas magisches – sie sind kraftvoll, imposant und scheinen hinter ihren sprudelnden Massen immer ein Geheimnis zu verbergen. Oftmals werden sie mit fernen, abgelegenen Orten verbunden, dabei können auch in Deutschland mächtige Wassermassen bestaunt werden. Die Triberger Wasserfälle gehören dabei zu den beeindruckendsten Orten!

Die Triberger Wasserfälle sind Deutschlands höchste Wasserfälle. Gewaltige 163 Meter tief stürzt hier das Wasser der Gutach hinab. Ein Naturspektakel der besonderen Art. Die rasante Strömung, die Kraft des Wassers und das Tosen und Rauschen stellen einmal öfter klar, wie gewaltig die heimische Natur sein kann. Die Wasserfälle sind ganzjährig begehbar und zu jeder Jahreszeit ein besonderes Erlebnis. In den wärmeren Monaten grünt und blüht es um die Wasserfälle herum und im Winter sprudelt der Strom an weißen Schneemassen vorbei.

Drei ausgeschilderte Routen – der Naturweg, der Kulturweg und der Kaskadenweg – geleiten dich durch die wunderschöne Natur und zu den Wasserfällen hin. So kannst du den magischen Anblick direkt mit einer kleinen Wanderroute verbinden. Die Flora und Fauna um die Wasserfälle ist ebenfalls sehr sehenswert, es gibt an jeder Ecke etwas Neues zu entdecken. Einige Informationstafeln erklären zudem spannende Fakten rund um die Gegend und die Wasserfälle selbst. Pack dir einen kleinen Rucksack und denke vor allem an bequeme Schuhe! Übrigens sind die Wasserfälle sogar bis 22 Uhr beleuchtet, was sie auch in der Abenddämmerung gut sichtbar werden lässt. Besonders beeindruckend sehen sie nach Schmelzwasser oder starken Regenfällen aus – wenn du zu dieser Zeit Gelegenheit für einen Abstecher hast, solltest du dir den Anblick nicht entgehen lassen!

ÜBERNACHTUNG IM WEINFASS – DAS ETWAS ANDERE „GLAMPING"

Übernachtung im Weinfass – darunter kann man sich zunächst kaum etwas vorstellen. Doch dieses Konzept existiert tatsächlich als eine etwas andere Art des Glampings. Die Weinfassunterkünfte befinden sich mitten im Schwarzwald und wurden zu kleinen, heimeligen Unterkünften umfunktioniert.

Ganze zwölf solcher Schlaffässer stehen in der Nähe der Fachwerkstadt Sasbachwalden. Und diese bieten eine so glamouröse Art der Übernachtung an, dass Camping kaum mehr der richtige Begriff ist. Genau genommen erhält jeder Besucher zwei kleine Fässer: Eines mit Bett als Schlafzimmer, das andere mit Esstisch und einem WC eingerichtet. Zusätzliche Sanitäranlagen gibt es im nahe gelegenen Haupthaus. Dort befindet sich sogar eine Sauna für zusätzlichen Luxus! Die Weinfässer liegen zudem gut voneinander getrennt, sodass andere Gäste sich kaum bemerkbar machen.

Die Weinfässer bieten einen malerischen Ausblick über die Täler und Berge inmitten der Weingebiete. Hier erlebst du romantische Sonnenaufgänge und -untergänge und hast durch die Übernachtung in der Natur gleichzeitig ein kribbelndes Abenteuergefühl. Die Verpflegung hier besteht aus einem gemütlichen Picknickkorb am Abend mit allerlei Schwarzwaldspezialitäten und einem Frühstückskorb, der natürlich auch den Kaffee beinhaltet! Dabei wird auch für Wein und einen Begrüßungsprosecco gesorgt. Dem romantischen Wochenendausflug steht nichts mehr im Wege.

Die Gegend um die Weinfässer herum lädt außerdem zum stundenlangen Wandern und Spazieren ein. Die Natur ist hier zu jeder Jahreszeit faszinierend – wenn die ersten Knospen sprießen und die Kirschbäume blühen genauso wie zur schneeweißen Winterzeit. Da die Weinfässer außerdem gut beheizt werden, bieten sich Übernachtungen hier zu jeder Jahreszeit an. In einem Fass können zwei Personen unterkommen. Der Übernachtungspreis bleibt gleich, egal ob du alleine oder mit Begleitung kommst.

UNTERSBERG-WANDERUNGEN

Der Untersberg gehört zur Hälfte zu Österreich und zur Hälfte zu Deutschland. Er verbindet damit beide Länder und ist der perfekte Ort als Mikroabenteuer für alle Kletter- und Wanderfreunde.

Der Untersberg ist das nördlichste Massiv der Berchtesgadener Alpen und mit seinen 1972 Metern wirklich imposant. Um diesen Gipfel zu besteigen, muss man allerdings kein Wanderprofi sein, denn während der Saison gibt es eine Seilbahn, die auch jeden unerfahrenen Fußgänger hoch hinaus bringt. Wer gerne wandert und klettert und entsprechende Erfahrung und Ausrüstung besitzt, kann den Berg natürlich auch eigenhändig besteigen. Der Berg ist außerdem gekennzeichnet von zahlreichen Höhlen, darunter auch die Schnellenberger Eishöhle. Und wenn du schon mal dort bist – warum nicht einen kurzen Abstecher in die österreichische Stadt Salzburg machen? Sie liegt direkt auf der anderen Seite des Berges. Du kannst mit der Seilbahn einfach hinabfahren und mit dem Bus direkt in die Innenstadt fahren. Auch der Fußweg ist machbar, nach einer langen Wanderung aber vermutlich weniger reizvoll.

Übrigens ranken sich um den Untersberg zahlreiche Mythen und Sagen. Es erwartet dich also ein wahrlich schauriges und stimmungsvolles Abenteuer!

WANDERN AM SCHLUCHSEE

Der Schluchsee in Baden-Württemberg ist ein Stausee bei der gleichnamigen Gemeinde und ist der größte See des Schwarzwalds. Ursprünglich ist er aus einem Gletschersee entstanden und bietet auch heute noch besonders sauberes Wasser, weshalb er ein beliebter Badesee ist. Die gleichnamige Gemeinde gilt dazu als heilklimatischer Kurort –

die ganze Gegend sorgt also für beste Erholung für Körper und Geist.

Die Schwarzwaldgegend lädt zu zahlreichen Wanderungen ein und alleine die Umrundung des Schluchsees gleicht einem kleinen Wanderabenteuer. Der Weg, der den See einmal ganz umrundet, führt an mehreren kleinen Stränden und einem Fischzuchtweiher vorbei und bietet die Gelegenheit, den See von jeder Seite neu zu entdecken. Andere Wanderrouten versprechen einen malerischen Anblick von oben auf den gesamten See und sorgen für weitere Kreise und mehr Bewegung. Zwischendurch gibt es natürlich immer wieder die Gelegenheit, sich auszuruhen, die frische Luft einzuatmen und die Füße im kalten Wasser baumeln zu lassen. Ein echter Erholungsort! Der Besuch des Schluchsees ist vor allen in wärmeren Monaten beliebt, da sich dann die Badeurlauber und Wassersportler in dieser Gegend tummeln. Auf dem See sind neben Schwimmen auch andere Wasseraktivitäten möglich. Aber auch abseits der Hauptsaison bietet dieser Ort die perfekte Gelegenheit zum Ausruhen und einen schönen Anblick – ob durch das prickelnde Glitzern der Sonne auf dem klaren Wasser oder durch anmutige Nebelschwaden an bedeckten Tagen. Zur Stärkung gibt es typisch für die Region mehrere Biergärten und Cafés, die die beliebte Schwarzwälder Kirschtorte anbieten! Ein Genusserlebnis, das du dir nach deiner langen Wanderung mit Sicherheit verdient hast. Alternativ gibt es viele ruhige Flecken, an denen du ganz entspannt deinen mitgebachten Proviant genießen kannst.

Vergiss in den warmen Monaten die Badesachen nicht, denn gerade nach einer Wanderung am See kann ein Sprung ins erfrischende Nass die perfekte Abrundung des Ausflugs sein!

WANDERN IM ERZGEBIRGE

Das Erzgebirge ist für alle Wanderfreunde ein Paradies! Mit zahlreichen ausgewiesenen Wanderrouten auf über 5.000 Kilometern und einem Höchstpunkt von stolzen 1.215 Metern findet hier jeder Naturfreund – egal ob Wanderanfänger oder -profi – eine geeignete Route, um dem städtischen Alltagstreiben zu entfliehen und neue Energie zu tanken!

Die Wandertouren im Erzgebirge sind unglaublich vielseitig. Leichtere Anfängerrouten und Kräutertouren laden zu gemütlichen Ausflügen ein, die die Vielfalt der heimischen Flora untermalt und teilweise sogar für Kinder gut geeignet ist. Eine Route durch die Montanregion, die seit dem Jahr 2019 zum UNESCO Welterbe gehört, führt dich entlang zahlreicher kleiner Flusstäler und Ortschaften an der deutsch-tschechischen Grenze sowie entlang von Bergbaulehrpfaden, die dich über die Geschichte dieser Region aufklären können. Schwierigere Pfade, die direkt zu den Gipfeln führen, locken begeisterte Höhenmenschen besonders in den Sommermonaten an, da in dieser Zeit eine einmalige Aussicht auf die vielseitigen Bergwiesen und malerischen Talortschaften genossen werden kann – der ideale Punkt, um ein kleines Picknick zu machen! An anderen Orten wanderst du an den Schienen der altmodischen Eisenbahnen und Loks vorbei, die zur Saison und zu bestimmten Feiertagen noch in Betrieb sind und ein Bild aus längst vergangenen Tagen wieder aufleben lassen. Auch für die Wintermonate gibt es ausgeschilderte Wanderrouten, sodass sich geübte Besucher auch bei Schnee und Kälte ins Gebirge aufmachen können. Das Glitzern des Schnees in der Wintersonne gibt Tannen und Tälern ein vollkommen neues Antlitz und sorgt für eine märchenhafte Fotokulisse. Zudem bietet das Erzgebirge auch vollständig geführte Wandertouren für alle, die sich lieber den Händen und der Orientierung eines Profis anvertrauen möchten.

Je nach Wanderweg brauchst du natürlich festes Schuhwerk und gute Wanderklamotten. Ein Rucksack für längere Ausflüge, der mit den notwendigen Dingen – darunter vor allem Wasser und Proviant – ausgestattet ist, darf auch nicht fehlen. Dann steht dem Gebirgsabenteuer nichts mehr im Weg. Packe eine leichte Picknickdecke ein und suche dir zwischendurch einen geeigneten Rastplatz, um die Friedlichkeit und Ruhe dieser Gegend einfach mal auf dich wirken zu lassen. Vergiss nicht, dass es auf den Gipfeln durchaus kälter ist als unten im Tal, weshalb das Einpacken einer leichte Jacke auch an Sommertagen nicht verkehrt ist.

WILDWASSERSCHWIMMEN

Wildwasserbahnen hast du sicherlich schon mehrfach gesehen. Vielleicht bist du sogar schon mit ihnen gefahren. Für alle echten Action-Freunde gibt es allerdings ein noch rasanteres Erlebnis: Wildwasserschwimmen!

Wildwasserschwimmen gehört zu den Extremsportarten und ist

etwas für echte Adrenalin-Fans – aber Vorsicht, es ist auch nicht ganz ungefährlich. Wer glaubt, dass er sich einfach so ins wilde Wasser stürzen kann, liegt falsch. Im bayrischen Lenggries kannst du dennoch auch ohne große Vorerfahrung in die Strömungen der Isar springen – allerdings mit professioneller Anleitung. Die Kräfte des Wassers solltest du auch auf keinen Fall unterschätzen. Bereits knietief im Stehen wird merklich spürbar, wie gewaltig die Strömungen sind, auch wenn das Wasser von außen fast friedlich aussieht.

Professionelle Guides werden dir erklären, wie du dich im Wasser verhalten musst, wie du richtig schwimmst (es ist eher ein Treiben auf dem Rücken) und wie du sogar Wasserfälle meisterst. Dabei erhältst du die volle Ausrüstung, Anleitung und Begleitung. Es ist auf jeden Fall ein aufregendes Abenteuer. Danach kannst du dich entweder am Ufer und in der schönen bayrischen Landschaft ausruhen oder dich direkt ins nächste Wildwasserabenteuer stürzen – denn an der Isar gibt es noch viele andere Wasseraktivitäten wie Rafting und Kanufahrten!

ZIPLINING IN DEN ALPEN

Ziplining ist für jeden Adrenalinfreund das ultimative Erlebnis. Auf langen Stahlseilrutschen geht es über tiefe Schluchten und Täler, einen Abhang hinunter oder einfach von Baumwipfel zu Baumwipfel! Spaß und Action garantiert – aber nichts für jemanden, der nicht schwindelfrei ist!

Ziplining ist nicht gefährlich, denn professionelle Hände sichern dich fest im Gurt und sorgen dafür, dass sogar Kinder den Schwung aus höchster Höhe nehmen können. In den deutschen Alpen kannst du dieses Abenteuer direkt bei dir zuhause erleben. Dabei geht es entweder im Sitzen oder sogar im Liegen mit einer Höchstgeschwindigkeit von teilweise bis zu 130 Stundenkilometern ins Tal! Es ist auf jeden Fall ein Erlebnis der besonderen Art und sorgt für den ultimativen Adrenalinkick. Dazu wirst du hier mit einer märchenhaften Aussicht über die Berge, Täler und grüne Wälder der bayrischen Landschaft belohnt. Für einen Augenblick lang ist es, als würdest du über all das hinwegfliegen. Ob du alleine oder mit Freunden anreisen möchtest, ist natürlich ganz dir überlassen. Es gibt sogar Anlagen, die aus mehreren Stahlseilen nebeneinander bestehen, sodass du in einer kleinen Gruppe sogar gemeinsam hinunter rasen kannst.

Am besten informierst du dich vor Antritt dieses Abenteuers online über die notwendigen Kleidungsvorschriften und ob du alle Gesundheitskriterien und Gewichtsklassen erfüllst – in einigen Ausnahmefällen kann es nämlich sein, dass dieses Abenteuer nicht für dich geeignet ist. In der Regel sollten die Voraussetzungen für die meisten Menschen aber kein Problem darstellen. Während der Saison kann es an einigen Stellen zu längeren Wartezeiten kommen – doch wer online vorgebucht hat, wird meist bevorzugt behandelt und kommt schneller ran als alle, die spontan dazu gekommen sind. Es lohnt sich also, ein paar Tage voraus zu planen. Grundsätzlich bieten die meisten Veranstalter jedoch auch das spontane Auftauchen an. Und mit dem imposanten Blick über die Alpen kannst du dort auch gut und gerne eine Zeit lang verweilen und die Ruhe vor dem Kick genießen.

UNBESTIMMTE ABENTEUERIDEEN

Unabhängig davon, wo du dich gerade befindest, gibt es eine Menge kleinerer Abenteuer, die du jederzeit und an jedem Ort vornehmen kannst. Oftmals sind es kleine Veränderungen und spontane Ideen, die für eine der schönsten Unternehmungen sorgen – direkt vor deiner Haustür! Denn gerade das, was direkt vor der Haustür liegt, übersehen wir leicht. Wie viele berühmte Plätze und Sehenswürdigkeiten erkunden wir schon in der eigenen Heimat? Oftmals kennen wir die (vermeintlichen) Highlights einer Urlaubsstadt viel besser als die der Stadt, in der wir seit vielen Jahren leben. Dabei können wir die schönen Plätze in unserer Heimat viel besser und häufiger genießen! Also zögere nicht länger, gehe nach draußen und begib dich auf ein Mikroabenteuer.

BIS ZUR ENDSTATION

Bist du schon einmal bis zur Endstation gefahren? Nein? Dann wird es Zeit! Anstatt mit der Bahn oder dem Bus bis zu deiner gewohnten Haltestelle zu fahren, fahre einfach mal bis zur Endstation und entdecke einen neuen Stadtteil oder einen Vorort deiner Region! Vielleicht entdeckst du ja eine ungeahnte Perle? Ein schöner Park, dein neues Lieblingscafé, ein kleines Heimatmuseum, eine alte Kirche – es gibt so viele Möglichkeiten, die dich dort erwarten könnten. Und selbst wenn alles unspektakulär erscheint, war es doch ein kleines Abenteuer. Das Schöne daran ist, dass du dieses Abenteuer immer und überall wiederholen kannst. Es gibt sicherlich viele Busse oder Straßenbahnen, die in verschiedene Richtungen und bis zu Endhaltestellen fahren, an denen du noch nie ausgestiegen bist. Auf die Art kannst du deine eigene Heimat ganz neu entdecken. Übrigens ist dieser Trick auch eine schöne Methode, um den Urlaubsort von einer anderen Perspektive zu erkunden, ganz abseits der Massentouristenführungen.

Tipp: Fahre nicht mit dem letzten Bus am Abend oder versichere dich, dass es noch einen Nachtbus nach Hause gibt bzw. plane Geld für ein Taxi ein, um sicherzugehen, dass du zur gewünschten Zeit zurückkommst und die Nacht nicht mit einer ungewollten Wanderung zurück verbringen musst – es sei denn natürlich, diese Wanderung soll Teil deines Abenteuers sein! Dann rüste dich aber entsprechend mit warmer Kleidung, Taschenlampe und Proviant aus!

DER FRÜHE VOGEL ... SONNENAUFGANG BEOBACHTEN

Wann hast du das letzte Male einen Sonnenaufgang beobachtet? Wahrscheinlich ist es schon viel zu lange her. Nutze daher dein Mikroabenteuer für diesen wundervollen Moment der Stille und stehe ein bisschen früher auf, um den Tagesanbruch zu beobachten.

Der Sonnenaufgang kann etwas Magisches haben. Es hat etwas Friedliches, das Weichen der Nacht für den Tag zu beobachten. Natürlich brauchst du ein wenig Glück, um einen klaren Himmel zu haben, damit der Sonnenaufgang in all seiner Pracht zu bewundern ist, aber auch an vermeintlichen Schlecht-Wetter-Tagen kann so ein Sonnenaufgang überraschend schön sein.

In den warmen Tagen hast du vermutlich die besten Chancen auf einen klaren Himmel, dafür musst aber auch ein wenig früher aufstehen. An vielen Orten sehen die Sonnenaufgänge auch in den Herbst- und Wintermonaten besonders schön aus. Wenn du möchtest, kannst du dir natürlich einen Ort suchen, an dem der Sonnenaufgang besonders schön und wirksam ist, ein ruhiges Plätzchen am Wasser vielleicht oder ein kleiner Hügel. So beginnst du deinen Tag obendrein noch mit ein wenig Bewegung und viel frischer Luft. Aber auch von deinem Garten oder Balkon aus kann der Sonnenaufgang ein kleines Abenteuer sein. Bereite deinen Tee oder Kaffee und ein kleines Frühstück to go vor, sodass du den Tag bestens gerüstet beginnen kannst. Ein Bonus: Wer so früh aufsteht, hat tagsüber jede Menge Zeit, alle möglichen Dinge zu erledigen.

E-BIKE-TOUREN

E-Bikes sind eine gute Gelegenheit für Bewegung an der frischen Luft, und um gleichzeitig weiter rauszufahren. Mit einem E-Bike kannst du auch weitere Strecken zurücklegen und so deine Stadt und die Umgebung erkunden. E-Bikes kannst du mittlerweile an vielen Orten ausleihen. Erkundige dich nach einem Anbieter vor Ort und leihe dir einfach mal ein Fahrrad für einen Tag aus und mache deine Umgebung unsicher. Bestimmt gibt es ein paar schöne Radwege oder auch einfach kleinere Orte in der näheren Umgebung deiner Heimatstadt, die du noch nicht erkundet hast. Aber manchmal finden sich genau an diesen Orten wunderschöne Ecken, altmodische Cafés oder andere interessante Anhaltspunkte.

An einigen Orten werden auch E-Bike-Touren angeboten, die in Gruppen gemeinsam ein paar der schönsten Ecken oder Wege abfahren. Auch an so einer Tour teilzunehmen, kann mächtig Freude bereiten, schließlich lernst du ganz nebenbei noch ein paar Menschen kennen und hast Gesprächspartner bei der Mittagspause dabei.

FINDE EINEN LOST PLACE

Der Begriff Lost Place wurde aus dem Englischen übernommen und bedeutet „verlassener Ort". Damit wird ein Ort bezeichnet, der nicht mehr bewohnt und benutzt wird und meistens teilweise zerstört ist. Oftmals handelt es sich dabei um Ruinen alter geschichtsträchtiger Gebäude, verlassene Industriegebäude und Ähnliches. Der korrekte Begriff im Englischen lautet „abandoned permises" (zu Deutsch: „aufgegebene Liegenschaften"). Umgangssprachlich wird auch von „off the map" („abseits der Karte") gesprochen.

Lost Places gibt es in Deutschland überall. Einige davon sind nicht beispielsweise aufgrund von Einsturzgefahr nicht legal betretbar. Doch es gibt zahlreiche sogenannte „legale Lost Places". Diese Orte sind ungefährlich betretbar und können ohne Anmeldung oder Konsequenzen besucht werden. Meist liegen sie irgendwo unbeachtet und versteckt. Wenn du einen solchen Lost Place findest, hast du einen perfekte Ruheort entdeckt. Dort kannst du den Entdecker in dir erwecken und dich auf die Spuren vergangener Zeiten begeben. Der Geist der damaligen Zeit haftet häufig noch fest an den Ruinenwänden und nicht selten haben diese Orte daher etwas Spukhaftes und Unheimliches. Viele Orte sind auch erstaunlich schnell von der Natur eingefangen worden und so wachsen Pflanzen wild in alten Schulen und Krankenhäusern und Tiere haben sich verlassene Industrieräume und Bunker als Schlafplatz ausgesucht. Sei daher vorsichtig und versuche, nichts von der wildernden Natur zu zerstören.

Einen legalen Lost Place kannst du mit Glück auf deinen neuen Wanderungen und Spaziergängen abseits der üblichen Routen entdecken. Wenn du gezielt danach suchen möchtest, kannst du aber auch mit ein wenig Recherche einen in deiner Nähe finden. Eine kurze Online-Recherche hilft oft schon viel weiter: In Internetforen oder auf Reiseblogger-Seiten werden viele Lost Places in Deutschland aufgelistet.

Sprich auch mit Freunden und Bekannten – sicherlich kennt jemand einen guten Geheimtipp bei euch. Ein wenig Recherche lohnt sich auf jeden Fall!

FOLGE DEM FLUSS

Bist du schon mal einem Fluss den ganzen Weg lang gefolgt, nur um zu sehen, wo er beginnt oder endet? Nein? Dann wage das Abenteuer und folge dem nächsten Fluss! Natürlich kann es sein, dass bei dir zuhause ein gewaltiger und besonders langer Fluss fließt – in dem Fall kann es schwierig werden, ihm tatsächlich bis zum Ende zu folgen. Doch es muss nicht unbedingt ganz bis zum Ende oder Anfang gehen. Folge dem Fluss, Kanal, oder was immer durch deinen Ort fließt, einfach mal deutlich länger, als du es normalerweise machen würdest. Kleine Flüsse führen dich vielleicht zu völlig unentdeckten Naturecken. Große und beliebte Flussufer bringen dich womöglich an einsamere Orte, an denen du für dich sein kannst und so richtig Ruhe finden wirst. Wer weiß, welche Tiere oder Pflanzen dir auf dem Weg begegnen? Einem Fluss zu folgen, kann eine schöne Abwechslung im Alltag sein, wenn du einfach nur raus an die frische Luft und in Bewegung kommen möchtest. Du bist gerne sportlich aktiv? Nutze das Flussabenteuer, um eine neue Lauf- bzw. Joggingrunde zu erkunden! Ausflüge wie diese zeigen dir auf wundervoll einfache Weise, wie vielseitig deine Heimatumgebung sein kann und wie viele Stellen du wahrscheinlich noch nicht vollständig entdeckt hast. Denke wie immer an deine Snacks und Getränke und – wenn du vorhast, länger unterwegs zu sein – an eine leichte Jacke.

Bist du fest entschlossen, das Ende des Flusses zu finden? Begib dich auf eine Wochenendwanderung. Packe deinen Wanderrucksack und ziehe los! Wer weiß, wo du ankommst, wenn du einfach drauf los läufst?

GEOCACHING – DIE GPS-SCHNITZELJAGD

Geocaching ist eine Art GPS-Schnitzeljagd oder auch GPS-Schatzsuche, die im heutigen Zeitalter immer beliebter wird. Genaue Koordinaten werden online veröffentlicht und mit Hilfe können diese ausfindig gemacht werden. Wer eine sehr genaue Landkarte oder eine entsprechende App für das Geocaching besitzt, kann sich auch ohne GPS auf die Suche machen.

Weltweit kann man mittlerweile fast überall solche Geocaches finden und dabei gleichzeitig die Umgebung erkunden. Schließlich weiß man nie, wo einen die Schatzsuche hinführt oder wer oder was einem auf diesem Weg begegnet. Deutschland hat seinen ersten Geocache seit Oktober 2000 und mittlerweile insgesamt über 367.000 verschiedene. Am höchsten ist die Gesamtzahl in NRW und die Dichte in Berlin. Allerdings findest du fast überall in Deutschland eine Online-Schatzsuche.

Also packe deine Tasche voll mit Snacks und Wasser, ziehe bequeme Schuhe an und mache dich auf die Suche nach versteckten Schätzen und nutze die Gelegenheit, gleichzeitig neue Teile deines Ortes zu erkunden!

HÄNGEMATTENZAUBER

Schnappe dir eine Hängematte und begib dich an einen beliebigen Ort zum Ausruhen – es kann so einfach sein, sich ein kleines Idyll irgendwo in der Natur zu schaffen. Eine Hängematte kann an vielen Orten bequem und flexibel angebracht werden – du solltest nur sicherstellen, dass du beispielsweise Äste oder Felsen nutzt, die stabil genug sind, dein Gewicht zu tragen. Und schon steht dem gemütlichen Liegeplatz nichts mehr im Weg. Du kannst diesen Ausflug mit einer kleinen Wanderung verbinden oder auch direkt im eigenen Garten entspannen. Bringe dir deine liebsten Snacks und Getränke sowie ein gutes Buch mit, im Sommer eine Sonnenbrille, und schon kannst du dich in die ferne Karibik träumen.

Lust auf mehr Abenteuer? Warum nicht mal in der Hängematte übernachten? An einem warmen Sommerabend geht das durchaus. Ziehe dich warm genug an und schlafe direkt unter Sternen ein. Die Hängematte sorgt dafür, dass du bequem liegst und auch nicht durch einen feuchten Boden oder Ähnliches nass oder schmutzig wirst. Und das leichte Schaukeln bringt dich schnell und sanft in die Traumlandschaften deines Unterbewusstseins.

HEIMAT-TOURI SPIELEN

Warum nicht mal Tourist im eigenen Heimat- oder Wohnort sein? Es handelt sich dabei zwar nicht um ein richtiges Outdoor-Erlebnis, doch ebenfalls um ein kleines und kostengünstiges Abenteuer. In vielen Orten werden alternative Sightseeing-Touren oder Stadtführungen angeboten. Diese sind entweder auf ein bestimmtes Thema ausgelegt, fokussieren sich auf die Geschichte der Stadt oder spielen schlichtweg abseits der Massen-Hot-Spots. Dazu bieten viele Orte auch Free-

Walking-Tours an, die grundsätzlich kostenlos sind, jedoch am Ende um einen kleinen Obolus bitten (dabei gilt: jeder gibt so viel, wie er kann und möchte). Warum begibst du dich nicht mal auf eine solche Stadtführung und entdeckst deinen Heimatort aus einer neuen Perspektive? Wer weiß, was du noch alles über dein Zuhause lernen kannst und welche Orte noch darauf warten, von dir entdeckt zu werden?

KRÄUTERWANDERUNGEN

Kräuterwanderungen sind Führungen durch die Heimat, bei denen dir Wildkräuter gezeigt und erklärt werden. Oftmals wird dabei der Fokus auf essbare Wildkräuter gelegt. Deshalb enden viele dieser Wanderungen auch mit einem gemeinsamen Essen. Solche Führungen bringen dich in die Natur vor Ort und zeigen dir ganz nebenbei, was du draußen alles umsonst für deinen Salat finden kannst! Ähnliche Führungen gibt es häufig auch für Pilze, die den Fokus vor allem darauf legen, die giftigen von den ungiftigen zu unterscheiden. Solchen Touren sind nicht nur schöne Abenteuer, sondern auch besonders lehrreich und können deinen Alltag sehr bereichern – vielleicht möchtest du ja selbst mal raus in den Wald gehen und dir ein paar Zutaten für das Abendessen zusammen suchen? Es gibt kaum eine beruhigendere Art, mit der Natur in Verbindung zu treten. Du wirst sicherlich staunen, wie viel Essbares direkt vor deiner Nase gedeiht. Und nach einer langen Wander- und Sammelaktion im Wald oder am Flussufer schmeckt das wohlverdiente Abendessen auch direkt viel besser.

LASSE DIE MÜNZE ENTSCHEIDEN

Verlasse dein Haus und lasse die Münze entscheiden! An einem Tag, an dem du Zeit für einen ausgiebigen Spaziergang hast, kannst du das Münze-werfen-Spiel perfekt für ein kleines Abenteuer nutzen. Wirf eine Münze, sobald du draußen bist, und lasse Kopf (rechts) oder Zahl (links) entscheiden, wo du lang gehen sollst. Wiederhole das je nach deinem Belieben entweder an jeder Straßenecke oder jeder größeren Kreuzung – oder einfach, wenn du Lust hast, die Richtung zu wechseln! Wer weiß, wohin dich die Münze bringt? Auf jeden Fall lernst du so die Stadt aus einer neuen Perspektive kennen und kannst ganz neue Straßenecken, Gebäude, Restaurants und Cafés entdecken. Das gleiche Spiel geht natürlich auch beim Joggen oder mit dem Fahrrad, nur musst du für das Werfen der Münze häufiger anhalten. Allerdings kann dich das auch zu einer neuen Route für dein wöchentliches Training führen oder Abwechslung in das normale Trainingsprogramm bringen! Auch hier empfiehlt es sich, ein Handy, Verpflegung und etwas Geld mitzunehmen. Je nachdem, wie lange du unterwegs sein möchtest, solltest du ggf. auch in den Sommermonaten eine Jacke oder einen Pullover für die kühleren Abendstunden einpacken.

Alternativ zu der Münze kannst du auch abwechselnd links und rechts abbiegen oder nach einem anderen Muster die Richtung wechseln. Die Möglichkeiten hier sind unbegrenzt und du kannst einfach deiner Fantasie freien Lauf lassen!

NACHT UNTER STERNEN

Wolltest du schon immer eine Nacht unter Sternen verbringen, hast aber noch keine Zeit, dafür wegzufahren? Dann unternimm einen Nachtausflug zuhause! Unter einem klaren Sternenhimmel kann selbst der Garten zum Abenteuer-Nachtlager werden. Vielleicht gibt es ja sogar in deiner Nähe einen Camping-Ort? In ein Zelt gekuschelt, kannst du dir dann auch vorstellen, du seist tief in der Wildnis gelandet – lass deiner Fantasie einfach freien Lauf. Oder schnappe dir einen Picknickkorb und halte ein Mitternachtspicknick ab. Auch das kann einfach in deinem Garten oder auf der Terrasse entstehen – die Magie eines klaren Nachthimmels lädt dich sofort zum Träumen an. Tipp: In den späten Sommermonaten gibt es Sternschnuppennächte, die dieses nächtliche Erlebnis besonders zauberhaft machen!

NACHTWANDERUNG IN DER HEIMAT

Nachtwanderungen sind spannende kleine Abenteuer, die direkt vor deiner Haustür beginnen können. Ob du alleine oder mit Freunden eine Runde drehst, spielt dabei kaum eine Rolle. Wenn es dunkel wird und die Lichter langsam angehen, dann erscheint jede Stadt aus einer ganz neuen Perspektive. Nachtwanderungen können daher gleichermaßen spannend in jeder Stadt sein – egal, wie groß oder klein dein Ort ist.

Zieh dich entsprechend warm an, denn während der Nacht wird es oft viel kühler als tagsüber. Wenn du alleine unterwegs bist, solltest du bei einer Nachtwanderung natürlich je nach Gegend gewisse Vorsichtsmaßnahmen beachten. Nimm zur Sicherheit dein (aufgeladenes) Handy mit, ggf. eine Taschenlampe und etwas Geld für den Notfall. Ansonsten brauchst du nur einen kleinen Rucksack mit ein paar Mitternachtssnacks und etwas zu trinken. Vielleicht entdeckst du ja einen neuen Ort oder auch nur eine kleine Bar, die du noch nie besucht hast? Wer weiß, wie schön manche Plätze bei Nacht sind, wie sie beleuchtet werden und was auf der Straße noch los ist? Nachtwanderungen können wirklich überall spannende Entdeckungen liefern. Wenn du mit einer Gruppe von Freunden eine Nachtwanderung durch einen Wald oder Park machst, hast du mit Sicherheit auch die Chance, das ein oder andere nachtaktive Tier zu sehen. In der Dunkelheit erscheinen uns häufig auch andere Wahrnehmungen viel intensiver – plötzlich hören wir Geräusche, auf die wir bei Tageslicht gar nicht achten, und spüren die kühle Brise viel deutlicher auf der Haut. Nachtwanderungen sorgen daher für ein besonders intensives Erlebnis, unabhängig davon, was und wie viel man tatsächlich sehen wird.

PFADFINDER-SKILLS ANEIGNEN

Für viele Abenteuer sind sie super praktisch oder sogar unerlässlich: Pfadfinder-Skills! Warum nimmst du dir nicht mal einen Nachmittag Zeit und lernst ein, zwei nützliche Tricks? Oftmals gleicht schon das Erlernen einer solchen Fähigkeit einem kleinen Abenteuer und das Gefühl des Erfolgserlebnisses, wenn du es geschafft hast, ist ebenfalls nicht zu unterschätzen. Etwas schnitzen, Pflanzen und Pilze bestimmen, ein Feuer machen oder einen Kompass lesen – es gibt so viele nützliche Fähigkeiten, die gerade auf längeren Abenteuerreisen durchaus von Nutzen sein können. Also suche dir etwas aus und fange an! Übrigens sind auch die geführten Kräuter- oder Pilzwanderungen dafür sehr gut geeignet.

STOCKBROT UND LAGERFEUER

Wenn die Abende wärmer und länger werden, werfen viele Menschen augenblicklich den Grill an. Doch wieso nicht mal den Abend mit einem richtigen Feuer ausklingen lassen? Ein Lagerfeuer ist ein besonders kuscheliges und romantisches Erlebnis. Ein Hauch von Wildnis und Abenteuer! Und wie könnte es besser kombiniert werden als mit einem klassischen Stockbrotteig? Da kommen Erinnerungen an Kindheitsferienlager und die ersten Abenteuer mit Freunden zurück.

Achte darauf, dass du einen Platz auswählst, an dem ein Feuer auch tatsächlich erlaubt ist, sonst kann es hohe Bußgeldstrafen geben – außerdem möchtest du mit deinem kleinen Ausflug in die Natur natürlich keinen großen Schaden anrichten. Natürlich kannst du das Lagerfeuer auch in deinem eigenen Garten machen. Achte nur auf feuerfeste Untergründe und lasse das Lagerfeuer nicht unbeaufsichtigt. Ein Stockbrotteig ist schnell angerührt und kann für eine Vielzahl von Menschen zubereitet werden, egal wie groß die Gruppe ist. Wenn ihr mögt, könnt ihr daraus auch ein kleines Nachtpicknick machen, zu dem jeder einen kleinen Snack mitbringt. Ein warmer Tee oder Kaffee aus der Thermoskanne passt perfekt und rundet den gemütlichen Sommerabend ab. Und während ihr verträumt in das prasselnde Feuer schaut, könnt ihr gedanklich schon zum nächsten Abenteuer aufbrechen. Denn das nächste Abenteuer wartet schon irgendwo auf dich!

DAS NÄCHSTE ABENTEUER WARTET SCHON ...

Die oben genannten Ideen sind reichlich, aber immer noch nur ein Teil dessen, was dich in Deutschland alles erwarten kann! Viele wunderschöne Orte befinden sich auch in der Umgebung und warten nur darauf, von dir entdeckt zu werden. Solche Mikroabenteuer lassen sich prima mit dem Alltag und allen anderen Verpflichtungen vereinbaren. Du wirst schnell merken: Wenn du einmal damit anfängst, lässt dich der Abenteuergeist nicht so schnell wieder los!

Mikroabenteuer brauchen weder viel Vorbereitung noch Zeit und erlauben es dir doch, dich aus dem Arbeits- oder Prüfungsalltag zu befreien, den Kopf klar zu bekommen und einfach mal etwas Anderes zu machen. Begib dich ruhig auf die Suche nach weiteren Möglichkeiten, auf ein Mikroabenteuer zu gehen, die hier noch nicht erwähnt wurden. Vielleicht kennt ja auch einer deiner Freunde einen guten Geheimtipp in eurer Nähe? Der nächste Urlaub muss nicht immer in der Ferne liegen – oftmals sind die schönsten und abenteuerlichsten Plätze nur wenige Meter von deiner Haustür entfernt, ohne dass du es bemerkt hättest. Also trau dich, packe dir deine Snacks ein und probiere einfach mal ein paar Ausflüge aus. Das einfachste Mikroabenteuer bleibt immer noch das „Einfach-drauf-los-laufen" – schau einfach mal, wohin dich deine Füße bringen, wenn du kein bestimmtes Ziel hast und neue Straßen erkundest, die interessant aussehen. Du wirst erstaunt sein, was sich alles in deiner Stadt befindet. Nur zu – das nächste Abenteuer wartet schon auf dich!

RECHTLICHES

Impressum

1. Auflage 2021
Karl de Vries wird vertreten durch:
Kontakt: Daniel Schneider/ Vollersdorfer Str. 56 A/ 07548 Gera

Haftung für externe Links

Das Buch enthält Links zu externen Webseiten Dritter, auf deren Inhalt der Autor keinen Einfluss hat. Deshalb kann für die Inhalte externer Inhalte keine Gewähr übernommen werden. Für die Inhalte der verlinkten Webseiten ist der jeweilige Anbieter oder Betreiber der Webseite verantwortlich. Die verlinkten Seiten wurden zum Zeitpunkt der Verlinkung auf mögliche Rechtsverstöße überprüft. Rechtswidrige Inhalte waren zum Zeitpunkt der Verlinkung nicht erkennbar. Eine permanente inhaltliche Kontrolle der verlinkten Webseiten ist jedoch ohne konkrete Anhaltspunkte einer Rechtsverletzung nicht zumutbar. Bei Bekanntwerden von Rechtsverletzungen werden derartige Links umgehend entfernt.

Printed by Amazon Italia Logistica S.r.l.
Torrazza Piemonte (TO), Italy

25726877R00066